십 대 밑바닥 노동

별도의 표시가 없는 한 교육공동체 벗이 생산한 저작물은 크리에이티브 커먼즈 [저작자표시-비영리-변경금지
4.0 국제 라이선스]에 따라 이용하실 수 있습니다.
http://creativecommons.org/licenses/by-nc-nd/4.0

십 대 밑바닥 노동
— 야/너로 불리는 이들의 수상한 노동 세계

ⓒ 배경내 외, 2015

2015년 1월 5일 처음 펴냄
2022년 8월 12일 초판 10쇄 찍음

글쓴이 | 이수정, 윤지영, 배경내, 림보, 김성호, 권혁태
기획·편집 | 이진주, 설원민, 김도연
출판자문위원 | 이상대, 박진환
디자인 | 이수정, 박대성
제작 | 세종 PNP

펴낸이 | 김기언
펴낸곳 | 교육공동체 벗
이사장 | 최은숙
사무국 | 최승훈, 이진주, 설원민, 서경, 공현
출판등록 | 제2011-000022호(2011년 1월 14일)
주소 | (03971) 서울시 마포구 성미산로1길 30 2층
전화 | 02-332-0712
전송 | 0505-115-0712
홈페이지 | communebut.com
카페 | cafe.daum.net/communebut

ISBN 978-89-6880-016-0 03330

YOUTH REPORT 002

십 대 밑바닥 노동
야/너로 불리는 이들의 수상한 노동 세계

청소년노동인권네트워크 기획
이수정 | 윤지영 | 배경내 | 림보 | 김성호 | 권혁태 씀

유스리포트를 펴내며

청(소)년 담론이 봇물 터지듯 쏟아져 나오던 시기가 있었다. 1990년대 중반, 이른바 '신세대' 담론의 등장과 함께 원조 교제, 가출, 일진, 왕따 등이 사회적 문제가 되었고 이해할 수 없는 '요즘 아이들'을 이해하기 위해 많은 언어들이 쏟아졌다. 하지만 그것들 중 대다수는 지나친 리얼함으로 오히려 현실을 과장하거나 현학적 접근들로 현실에서 미끄러지고 말았다.

그로부터 20여 년의 세월이 흐른 지금, 청(소)년은 어떤 존재인가. 십 대들은 여전히 미래의 희망("우리 아이들을 지켜 주세요")이지만 말 걸기도 무서운 병증의 환자(중2병 현상)이기도 하다. 이십 대들은 미래에 대한 불안 속에 현재를 살아가는 안타까운 청춘(88만 원 세대론)이기도 하지만 동시에 자기밖에 모르는 이기주의자들(이십 대 개새끼론)이다. 기성세대들의 필요에 따라 다양한 모습으로 호출되는 그들은 20년 전 그때나 지금이나 청(소)년 담론 안에 없다.

한편 세대론에서조차 배제된 자들이 있다. 청(소)년 세대를 특정한 틀에 가두려 할수록 이들의 목소리는 소외된다. 대학 반값 등록금 정책이 정치적 이슈가 될수록 대학을 다니지 않는 청년들의 목소리는 작아지고, 학생인권조례가 학교 밖 청소년들의 다양한 삶의 결까지 담아내지는 못하는 것처럼 말이다.

유스리포트는 '미래 세대로서의 청(소)년'에게 부과되는 사회적 기대나 통념을 걷어 내고 현재를 살아가고 있는 존재로서 청(소)년들의 삶을 증언하고자 한다. 청(소)년들의 구체적인 삶의 모습과 고민을 교육, 노동, 성, 사랑, 폭력, 가난, 소외, 관계 등 다양한 범주에서 조명할 것이다. 기존의 청(소)년 담론의 주제가 되지 못했던 비주류, 소수자의 이야기도 담을 것이다. 또한 삶의 한 단면만을 놓고 평가하는 손쉬움을 포기하고 그들의 삶을 둘러싼 사회경제적 배경을 함께 읽고자 한다. 그것은 문화적 다양성의 관점에서 청(소)년 문화가 사회적으로 소통되고 의미를 가질 수 있도록 하는 작업이기도 하다.

때로는 누군가가 대신해 그들의 목소리를 전할 것이며, 때로는 그들 스스로 자신의 이야기를 할 것이다. 섣부른 진단이나 분석은 하지 않으려 한다. '혐오론'이든 '희망론'이든 청(소)년을 특정한 프레임에 가두려는 욕망에서 벗어날 때 우리는 비로소 그들에 대해 이야기할 수 있는, 그리고 그들의 이야기를 들을 수 있는 출발선에 설 수 있을 것이다. 그들의 삶을 읽는 것은 곧 우리 시대, 우리 사회를 읽는 것이기도 하다.

교육공동체 벗

| 차례 |

유스리포트를 펴내며 · · · 4

프롤로그 • 부려 먹기 쉬운 존재들의 밑바닥 노동 · · · · · 8
  청소년 노동, 변한 것과 변하지 않은 것

1부 • 더 은밀하게, 더 잔혹하게

빼꼼, 청소년 노동의 세계를 열다 · · · · · · · · · · 20

화려해서 더 처량한 · · · · · · · · · · · · · · · 26
'호텔리어' 혜정이의 하루
해제 • 내 사장은 누구인가

나는 일회용품이 아니다 · · · · · · · · · · · · · 42
택배 노동자 가람이의 하루
해제 • 당일 배송 잔혹사

즐거우면 그걸로 된 걸까 · · · · · · · · · · · · · 54
키다리 피에로 민관이의 하루
해제 • 열정팔이 노동

목숨 걸고 달린다 · · · · · · · · · · · · · · · · 68
배달 대행 노동자 원석이의 하루
해제 • 따뜻하지만 위험한 배달 음식

두리번 두리번 청소년 노동 현황 · · · · · · · · · 82

2부 · 밑바닥을 맴돌다

'지옥의 문'을 열다 · · · · · · · · · 86
노동법 좀 아는 건진이의 고군분투 알바기

두리번 두리번 청소년 노동 정책의 엇박자 · · · · · 116

'말 잘 듣는 여자애'가 아닌 '홍서정'으로 살기 · · · 118
여성 청소년 노동자 서정이의 위장

두리번 두리번 청소년 노동 관련 조직은 무엇이 있을까? · · · · · 146

숨겨진 노동, 숨겨진 권리 · · · · · · · 148
기초생활수급가정 청소년 경수의 단단한 노동

두리번 두리번 국가에서 매달 생활비를 준다면? · · · · · · 174

인생 역정 속에서 길러 낸 삶의 근력 · · · · · 176
탈가정 청소년 효진이의 홀로서기

두리번 두리번 청소년을 위한 일자리는 어디에 · · · · 200

에필로그 · 청소년 노동의 세계는 왜 이따위인가 · · · 202
청소년 노동인권을 찾는 질문들

* 이 책에 등장하는 청소년들의 이름은 1부의 차혜정, 2부의 박건진, 홍서정 씨를 제외하고 모두 가명입니다.

프롤로그

부려 먹기 쉬운 존재들의
밑바닥 노동

청소년 노동, 변한 것과 변하지 않은 것

"한마디로 팔려 가는 거잖아요. 부려 먹기 쉽고 말 잘 들으니까."

2005년, 고등학교 현장실습생의 인권 실태를 조사하기 위해 전국 구석구석을 찾아다닐 때 만났던 학생 하나가 거품을 물며 이렇게 말했다. 그는 삼성반도체 아산탕정공장의 청소를 맡은 용역업체로 실습을 다녀왔다고 했다. 그는 일하다 다쳐도 산재보험 처리를 하지 않겠다는 서약서를 쓰고, 보호 장비도 없이 위태로운 줄에 매달려 공장 청소를 했단다. 광주광역시의 어느 공고 학생은 인력파견업체가 보내온 승합차에 몸을 실어 경기도 시흥의 시화공단까지 실습을 나갔다고 했다. 승합차가 도착하고 나서야 자신이 실습할 곳이 빵 만드는 공장임을 알았단다. 하루 12시간 주야 맞교대, 단 20분의 점심시간, 최저임금도 되지 않는 시급, 교육이라고는 기대하기 힘든 단순 반복 노동이 그를 기다리고 있는 '실습' 환경이었다. 당시 실태 조사 보고서를 쓰며 고심 끝에 내건 제목은 '교육이라는 이름의 기만과 폭력: 간접 고용 현장실습 인권 실태 보고'였다. 보고서를 들고 교육부를 압박해 '현장실습 정상화 방안'을 내놓도록 만들면서도, 내내 그가 뱉은 한마디가 머릿속을 따라다녔다. 팔려 간다, 부려 먹기 쉽다…….

그들이 실습생이라는 신분이기 때문일까, 아니면 청소년이기 때문일까, 아니면 둘 다일까. 고민은 꼬리에 꼬리를 물어 어떤 이름으로든 '부려 먹기 쉬운' 존재로 분류된 청소년들이 수행하고 있는 노동 전반에 대한 관심으로 확장됐다. 사회는 물론 교육

운동과 노동운동 안에서도 하나의 의제로 진입하지 못한 청소년 노동에 대한 사회적 관심을 일구는 일이 외면할 수 없는 과제로 다가왔다.

모욕을 견디는 시간

2008년부터 지난해까지 거의 매년, 청소년노동인권네트워크는 청소년의 노동인권 실태를 사회에 알려 왔다. 그 사이 청소년 노동에 관한 사회적 관심도 높아졌고, 실태 조사를 수행하는 기관도 늘었다. 청소년 노동에 관심 있는 단위들이 모여 대응을 모색하는 지역 네트워크들도 여럿 결성됐다. 특성화고를 중심으로 학교 현장에서도 기본적인 노동법 교육을 진행하는 사례가 늘기도 했다. 정부 차원의 대책도 몇 차례 발표될 만큼 정책의 비중을 높이는 결실도 맺었다. 그러나 청소년의 노동 현실은 과연 달라졌을까.

애석하게도 청소년들에게 노동 현장은 예나 지금이나 고단하기 짝이 없다. 청소년에게는 최저임금이 곧 '최고임금'인 데다 그 적은 돈마저 벌금이나 위약금 같은 갖은 명목으로 떼이곤 한다. 다짜고짜 반말은 기본이고 막말과 고성이 쏟아지는 일도 잦다. 쉬는 시간도 제대로 보장받지 못하고 일하다 다쳐도 산업재해 보상은 하늘의 별 따기다. 오토바이 배달처럼 목숨 걸고 일해야 하는 자리라도 감지덕지해야 하고, 느닷없는 해고를 당해도 조용히 접고 물러서야 한다. 청소년들은 노동법에 대한 별다른 정보 없이 일자리를 구한다. 고용주도 노동법 따위는 신경 쓰지 않는다. 대다수 청소년 노동자의 일자리가 근로 감독의 사각지대에 놓여 있기 때문이다. 게다가 그 일자리는 근로기준법의 일부 조항을 어겨도 법이 아예 용인해 주는 4인 이하 영세 사업장인 경우가 대다수이다. 당연히 주휴수당이나 시간외수당, 해고 예고 등의 법적 보호는 기대조차 할 수 없다.

그럼에도 사람들은 임금 체불이나 산재 사고, 성희롱 피해와 같은 극단적 문제에만 주로 관심을 기울인다. 애초 받기로 한 돈이라도 제대로 받고 다치지 않았으면 다행이라는 식의 태도가 대부분이다. 당연히 비난의 화살은 애들 '코 묻은 돈'이나 떼어먹는, 애들을 위험에 내모는, 애들을 노리개로 삼는 몇몇 악덕업주에게 돌아간다. 그러나 이런 제한된 관심은 청소년 노동자들이 겪는 보통의 문제들은 가볍게 여기는 결과를 낳는다. 최저임금은 받으며 일했다고 해서, 일하다 다치지 않았다고 해서, 성희롱을 당하지 않았다고 해서 문제가 없는 것도, 그 문제가 가벼운 것도 아니다.

청소년 노동자들은 임금 인상과 모욕 중단을 가장 시급히 해결해야 할 과제로 꼽는다. 청소년 노동자가 일터에서 주로 불리는 이름은 '야', '너'이다. 반말은 기본이고, 손님들 앞에서 막말과 욕설로 혼이 나는 일도 흔하다. 비청소년'과 같은 실수를 해도 청소년에게는 더 큰 모욕이 돌아온다. 뒤통수 때리기나 벽 보고 서 있기와 같은 체벌도 청소년에게만 행해지는 노동 규율이다. 고깃집 주방에서 일하던 한 청소년은 수십 킬로그램이 넘는 음식물 쓰레기통을 혼자 옮기다 엎지를 뻔했던 일을 가장 아찔하고 서러웠던 순간으로 꼽았다. 호텔 연회장에서 일했던 청소년은 손님의 눈에 띄지 않는 병풍 뒤 바닥에 앉아 쉬면서 왠지 의자에 앉을 자격도 없는 바닥 인생이 된 기분이었다고 한다. 패스트푸드점에서 일했던 청소년은 주방에서 빵을 조금 태웠다는 이유로 탄 빵을 입에 쑤셔 넣는 '가르침'을 받고서는 일을 그만뒀다고 한다. 배달 일을 했던 청소년은 태풍 속을 뚫고 배달을 다녀왔는데도 '빨리빨리' 재촉만 하는 사업주를 보고서는 '죽으라는 건가?'라는 생각까지 들었다고 한다. 일 자체의 고단함보다 자기를 대하는 모욕적 태도가 더 깊은 생채기를 남겼다.

이런 모욕을 견디며 손에 거머쥔 임금도 너무나 초라하다. 내가 고작 이 돈 받으려고 그런 수모를 당했나 싶어지다가도, 내가 받은 돈만큼 내 인격도 그런 수준이구나 싶어져 어깨가 꺾이기도 한다. 그러니 임금이라도 올랐으면 하는 욕구가 더 강해진다.

1 '성인'이라는 말은 청소년이 완성되지 않은 존재, 미성숙한 존재라는 전제를 깔고 있다. '어른' 역시 나이가 많다고 해서 곧장 '얼이 큰 사람'이라고 볼 수도 없다. 하기에 '비청소년'이라는 말을 대신해서 쓴다.

워낙 임금이 낮다 보니 형편이 열악한 청소년은 더 오래 일하거나 여러 일자리를 뛰어 필요한 수입을 채울 수밖에 없다. 그만큼 모욕을 견뎌 내야 할 시간이 늘어난다. 그래서 청소년의 노동은 밑바닥이다.

문제는 예외적 '사고'가 아니라 일상이 된 모욕에 있다. 낮은 임금, '빡센' 일과, 부당한 해고, 한정된 일자리까지 청소년 노동자들에게 주어진 노동 조건 자체가 인간에 대한 모욕임이 분명하다. 모욕받은 노동자는 그 모욕에 대해 항거해야 하지만, 청소년 노동자 가운데는 터무니없이 '착해서' 외려 안타까울 지경인 이들이 많다. "사장님이 그래도 저를 챙겨 주시는 편이에요." "사장님도 사정이 어려우세요." '어른'을 먼저 헤아려야 한다는 오랜 훈육의 결과인지, 주로 열악한 영세 사업장에서 일해서인지 몰라도 청소년 노동자는 자기보다 사업주의 처지를 먼저 헤아리곤 한다. 세상에 대한 체념도 빨랐다. "그래 봤자 소용없어요." 현재의 일터에서 노동인권을 보장받으려 노력하기보다는 어딘가 있을지 모르는 좀 더 나은 일자리를 찾아 떠나는 것이 최선이라고 생각한다. 자기보다 사장의 처지를 먼저 헤아리는 오지랖과 세상에 대한 체념은 어쩌면 서로의 거울상인지도 모른다. 상대가 나의 생사여탈권을 쥐고 있는 상황에서, 내가 받는 임금이 나의 사회적 지위를 매일 각인시켜 주는 상황에서, 상대는 반말을 하는데 나는 꼬박꼬박 존대어를 사용해야 하는 상황에서, '어른

말씀 잘 들어라'라는 가르침을 수도 없이 들어 온 상황에서 부당한 일에 맞선 저항과 연대의 경험을 가져 본 적 없는 상황에서 체념은 가장 손쉬운 생존 전략이 되곤 한다. 그러나 체념이 삶의 고단함의 본질을 위로하진 못한다.

청소년 노동 세계의 수상한 변화

청소년의 노동은 이제 또 다른 격랑에 휩싸이고 있다. 전 사회적으로 삶은 갈수록 황폐해지고 노동도 점점 더 불안해지고 있다. 취업의 문턱은 갈수록 높아지고, 노동자들을 쓰다 버리는 고용 방식은 갈수록 더 확산되고 있다. 인건비 감축을 노려 출퇴근 시간을 늦췄다 당겼다 하거나 성수기에만 일시 고용하고 곧장 해고해 버리는 '수도꼭지'형 노동력 사용 행태가 잠식해 들어온 사업장도 늘었다. 산업구조는 하청에 재하청으로 급속히 재편돼 일자리는 더 싸지고 더 임시적이 되었다. 그 결과 열심히 일해 봤자 가난의 굴레를 벗어나기 힘들어졌고, 소득 격차 역시 갈수록 확대되고 있다. 노동 세계에서 가장 주변부에 몰려 있는 청소년들에게도 이 세상의 변화가 덮쳤다.

무엇보다 청소년이 접근 가능한 일자리 자체가 대폭 줄었다. 한때 청소년 노동의 대표 얼굴이었던 패스트푸드점, 편의점, 음식점, 주유소 등지를 둘러봐도 더 이상 청소년은 찾아보기 힘들다. 이제 그곳들은 생활고에 내몰린 이십 대 청년들이나 장년들로 채워지고 있다. 예전과 똑같은 일자리라고 해도 고용의 형태가 달라졌다. 수요가 많은 시간대나 계절에만 일시적으로 고용하는 경우도 늘었다. 남은 일자리들은 이제 책임을 물을 고용주가 누구인지도 알기 힘든 간접 고용, 내일 일이 있을지 없을지도 알 수 없는 일일 고용, '사업자'가 되었으나 노동법의 적용조차 기대할 수 없는 특수 고용 등 불안정한 일자리들로 대체되고 있다. 더 적은 돈을 벌기 위해 더 열심히, 더 큰 위험을 감수하며 일해야 하는 노동의 시대, 그야말로 '근로 빈곤'의 시대가 청소년 노동도 덮치고 있는 셈이다.

대표적으로 청소년들이 아르바이트를 처음 시작할 때 관문과도 같은 역할을 했던 전단지 돌리기도 업체와 직접 근로 계약을 맺는 방식이 아니라 광고 대행업체를 경유하는 방식으로 변화하고 있다. 한 청소년은 광주광역시에서 경기도에 있는 광고 대행업체를 통해 전단지 아르바이트를 했다고 한다. 택배로 전단지를 전달받은 후 그것을 붙였다는 인증 사진을 보내 주면 나중에 임금을 지불해 준다고 했단다. 그런데 그는 몇 달째 일한 대가를 받지 못하고 있다. 실제 그 업체가 어디에 있는지 가 본 적도 없고, 임금 지급을 약속한 구인 담당자가 누구였는지 얼굴을 본 적도 없다. 떼어먹힌 임금을 돌려받을 길이 막막하기 그지없다. 이와 같은 변화는 전단지의 세계에만 그치지 않는다.

남성 청소년들이 선호하는 배달 노동 역시 업체에 직접 고용되는 방식이 아니라, 배달 대행업체와 '사업자'로서 계약을 맺고 일하는 형태로 바뀌었다. 그들은 '사업자'가 되었는데도 노동자보다 더 열악한 처지에 놓였다. 산재 보상 등 노동법의 보호도 받지 못하는 사업자. 여성 청소년들이 주로 찾는 호텔 연회장 서빙 역시 호텔에 직접 고용되는 방식이 아니라, 전직 호텔 직원 출신들이 차린 구인업체를 통해 일용직으로 파견되는 방식으로 바뀌고 있다. 중간 업체를 끼다 보니 호텔에 직접 고용되는 경우에 비해 시급이 더 낮아진 것은 물론이다. 집을 떠나 생활하는 탈가정(가출) 청소년들이 몰린다는 택배 상·하차 노동은 하루 10~12시간씩 중량물을 내리거나 쌓는 밤샘 노동을 해야 하는 데다 폭언과 고함으로 작업이 유지되는 위험한 작업 환경을 견뎌야 한다. 택배 분류 노동 역시 택배업체가 아닌 인력사무소를 통해 하루 단위로 고용되는 방식이다. 사고가 나도 실제 사용자라고 볼 수 있는 택배업체에는 책임을 묻기 힘든 구조다. 게다가 이런 일자리조차 구하기 쉽지 않기 때문에 당장 생계가 절박한 탈가정 청소년들이 유흥업소의 유혹에 빠지는 일은 어찌 보면 자연스러운 결과다.

　이렇듯 청소년 노동은 기존의 노동 문법으로는 대응하기 힘든 상황으로 급속히 변화하고 있다. 예전엔 자신을 고용한 사장이 누구이고 자신이 일한 곳이 어디인지라도 알았다. 작정만 한다면 근로기준법이나 최저임금법 등을 근거로 문제를 제기할 수도 있었다. 그게 아니더라도 일 경험을 통해 다양한 연령대의 사람들과 관계라도 확장할 수 있었고, 동료들과 함께 잘릴 각오를 하고 힘을 규합할 수도 있었다. 그런데 이제 자본의 얼굴은 점차 사라지고 있다. 책임을 물을 사람이 누구인지 특정하기 힘들다. 동료들과 내일의 관계를 확약할 수 없으니, 오늘의 관계도 임시적이거나 아예 관계를 형성할 필요도 못 느낀다. 저항할 대상도 불분명하고 힘을 규합할 동료도 사라진 노동, 관계 맺기 자체가 삭제된 노동, 그리하여 저항의 가능성이 원천적으로 봉쇄되는 노동. 이렇게 불안정 노동의 확산은 안 그래도 열악한 청소년 노동자의 지위를 더욱더 흔들고 있다.

그래서 우리는 다시금 질문해야 한다. 지금 청소년의 노동 세계에서 대체 무슨 일이 일어나고 있는지, 청소년들이 그토록 꿈꾸는 '꿀알바'가 왜 하늘의 별 따기가 되어 가는지, 성별이나 가족 형태 등에 초점을 맞춰 청소년 노동자의 삶의 들여다보면 어떤 새로운 광경이 펼쳐지는지, 그리고 '연소근로자 보호'에 특별한 노력을 기울이고 있다던 정부의 정책이 왜 그저 '알리바이'에 불과한지를. 무엇보다 청소년 노동인권을 확보하기 위해 우리는 어떤 관문을 통과해야 하는지를 질문하지 않으면 안 된다. 이 질문은 노동 세계뿐 아니라 청소년이 이 사회에서 놓인 삶과 지위에 대해서도 관심을 확대할 것을 우리에게 요청하고 있다.

1부

더 은밀하게,
더 잔혹하게

*1부에 등장하는 청소년들의 이야기는 필자들이 해당 아르바이트를 경험한 청소년들을 직접 인터뷰하여 재구성한 것입니다.

빼꼼,
청소년 노동의
세계를 열다

"아우, 빡쳐서 정말."

은솔이는 교실 문을 열면서도 스마트폰에서 눈을 떼지 못했다. 뭔가 단단히 화가 난 눈치였다.

"왜, 왜. 무슨 일 있어?"

"야, 내가 방학 때 먹자골목에서 알바했었잖아. 막 10시 넘어서까지 일 시켜도 정말 열심히 했거든. 근데 먹자골목에서 막 학생들 최저임금 깎는다는 얘기를 누가 하더라고. 혹시나 해서 좀 전에 인터넷으로 최저임금 찾아보니까 나 일한 데도 최저임금 안 준 거 있지."

은솔이는 방학이 시작하기 전에 먹자골목에서 아르바이트를 구했다며 방학 끝나면 한턱 쏘겠다 큰소리 쳤었다.

"헐~ 어쩌냐. 근데 최저임금 몰랐어?"

"그런 걸 누가 가르쳐나 줬냐? 보니까 최저임금보다 250원이나 덜 준 거 있지."

은솔이는 의자에 털썩 주저앉으며 연신 씩씩거렸다.

"그런데 거기서는 무슨 일 했어?"

알바 경험이 별로 없는 나는 은솔이의 이야기가 궁금했다.

"설거지, 테이블 정리, 쓰레기 버리기, 바닥 청소, 서빙……. 안 한 거 없어. 첨에 순대 볶는 거는 아줌마가 하시더니 쫌 지나니까 그거까지 나한테 맡기더라. 뭐 내가 다 한 거지. 아 돈 받는 거는 아줌마가 하시더라. 거의 하루 종일 서 있었어. 허리 나가는 줄 알았다."

방학 내내 그렇게 알바를 찾아다녔어도 알바 한번 못 한 나는 은솔이의 투정이 오히려 부럽기만 했다.

"와 거기 진짜 재수 없다. 나도 헬스장 전단 알바했거든. 거기도 최저임금 안 줘."

앞자리의 민수가 돌아앉으며 맞장구를 쳤다.

"내가 거기서 3일 일했거든. 근데 돈 받으러 갔더니 내가 전단을 화장실에 버렸다는 거야. 자기들이 가서 확인했다고. 그래서 돈 못 준대. 진짜 황당하지 않냐? 내가 그 건물 화장실은 가지도 않았거든."

"야, 거기 어디야? 혹시 J피트니스 아니야?"

반장인 미정이가 게시판을 정리하다가 묻는다.

"어? 네가 어떻게 알아?"

"거기 소문난 데야. 일하고 돈 못 받은 애들이 얼마나 많은데. 내가 들은 것만 벌써 세 번째다. 찾아보면 더 있을걸? 거기 막 일부러 그런다는 얘기도 있어. 성수역에도 J피트니스 있는데 둘 다 똑같이 그런대. 거기 체인점이잖아. 같이 짜고, 트집 잡아서 애들 돈 안 주는 것 같아."

 방학 동안 다들 알바 좀 한 모양인지 하나둘 우리 자리로 모여들었다.

 "'빅버거'는 그래도 최저임금은 주더라. 거긴 알바도 4대 보험 해 주던데. 라이더들은 좀 더 받는 거 같고."

 패스트푸드점에서 일하는 수예가 말했다.

 "거긴 완전 삼성이잖아. 아무나 못 들어가는 데."

 "대신 지각하면 벌금 내. 나 저번에 7분 늦었는데 벌금 5천 원 냈어."

 "대박. 7분 늦었는데 1시간 시급을 벌금으로 내? 미친 거 아니야?"

 "그러니까. 다치긴 또 좀 많이 다치냐. 나도 기름 튀어서 팔에 흉터 생겼잖아."

 "헐~ 얼굴에 튀었으면 어쩔 뻔했냐. 안 그래도 못생긴 애가."

 "뭐야? 죽을라고. 그리고 남자애 하나는 자기 키만 한 쓰레기 봉투 끌고 가다 넘어져서 허리 다치고, 어떤 언니는 주방에서 미끄러져서 꼬리뼈 다치고, 장난 아니야. 칼에 손가락 베이는 건 일도 아니라니까."

 "배달하다가 다치는 애들도 많더라."

민하가 오토바이로 음식을 배달하다가 다친 친구 얘기를 꺼내자 경찬이가 끼어들었다.

"야, 나도 그랬어. 저번에 비 오는 날, 왜 비 오는 날에 배달 주문 더 많잖아. 음식 밀렸다고 사장이 자꾸 독촉하는 거야. 그래서 엄청 땡겼거든. 그런데 저어기 횡단보도에서 빨간불인데도 누가 막 건너는 거야. 급하게 오토바이를 돌렸지. 근데 빗길에 당기니까 쫙 미끄러진 거야. 그래도 내가 또 운동 신경이 좀 좋잖아. 미끄러지면서도 순간 낙법을 써서 내 다리만 까지고 말았지."

"왜 돈 벌러 갔다가 죄다 다치고만 오냐. 병원비는 주던?"

미정이가 짠한 표정으로 물었다.

"병원비는 무슨. 오히려 나한테 오토바이 수리비를 달라더라. 내가 어이없어서 빤히 쳐다보니까, 학생이니까 수리비 달라고는 안 할 테니 병원비는 알아서 하라는 거야. 그날 일당 치료비로 다 날리고 이틀 알바 못 갔으니 날린 알바비가 얼마야. 그 사장 얼굴 보기 싫어서 그만뒀잖아."

"야, 그거 산재잖아."

수예가 산재 얘기를 꺼냈다.

"네가 거기 있어 봐라. 산재 처리해 달라는 얘기가 나오나. 난 아직도 사장 앞에만 가면 쫄아. 잘못한 거 하나 없는데도."

"최저임금 맞춰 준다고 다가 아니네. 어디 괜찮은 알바 자리 없냐? 난 뭐라도 좀 해야 되는데 알바 구하기 힘드네."

나도 벌써 6개월째 알바를 못 했다. 면접 봤던 곳은 죄다 최저임금을 안 주거나, 너무 늦게 끝나는 곳이었다. 주말 알바 구하기는 하늘의 별 따기고, 편의점에선 이제 우리 같은 학생은 받아주지도 않는다.

"야, 넌 법 다 지키는 알바 찾으니까 못 찾지. 대충 할 만하면 시작해야 돼. 눈높이를 좀 낮추라니까."

헬스장 전단 알바를 했던 민수가 핀잔을 준다. 나는 한숨이 나왔다.

"휴~ 최저임금 다 주는 데는 바라지도 않아. 그런데 네 말처럼 그렇게 막 아무데나 대충 할 만해서 시작하면 결국 돈 떼이고 몸만 버리잖아. 청소년 알바 자리는 왜 하나같이 이따위냐?"

"와~ 이효정 너 선거 나가라. 내가 찍어 줄게."

속이 상해 뱉은 말에 친구들이 장난을 쳤다.

"아, 존나 시끄럽네. 잠 좀 자자."

철민이는 학교에 오면 책상에 엎드려 잠만 자다 간다. 저녁마다 오토바이 배달을 하느라 잠이 부족한가 보다. 월수금은 치킨집에서, 화목은 피자집에서 일한다던가.

"쟤는 공부는 접었나 봐."

"밤마다 배달 뛰는데 학교에서 공부가 되겠냐? 주말에도 두 군데서 배달 뛴다던데."

"완전 포잡이네."

"거기에 공부까지 해 봐라. 그러면 파이브잡이야, 파이브잡. 쟤 〈극한 직업〉 프로그램에 내보내야 한다니까."

"에이 공부는 일에서 빼야지."

"공부도 일이야. 내가 하고 싶어 하는 것도 아닌데 갇혀서 시키는 것만 해야 하잖아. 이거 일하는 거랑 똑같지 않냐?"

"그럼 철민이는 학교가 부업이네. 하하."

농담처럼, 장난처럼 이런 얘기들을 나눴지만 마음이 편하지만은 않았다. 끝날 줄 모르는 우리들의 수다에 옆줄에 앉은 혜정이가 비밀스럽게 말을 건넸다.

"야, 너네 '지옥 알바'라는 거 들어 봤어? 정말 지옥의 문을 여는 느낌."

우리들은 순간 얼음이 되었다.

"야, 담임 온다."

민수는 담임이 오고 있다는 말에도 개의치 않고 다그치듯 혜정이에게 물었다.

"뭔데? 말해 봐, 얼른."

화려해서
더 처량한

...

'호텔리어' 혜정이의 하루

1.

"야, 너 그거 해 봤어?"
"뭐?"
"호텔 알바."
"아니."
"너 주말에 알바할 데 찾는다며. 그럼 호텔 알바가 딱인데."
"그래?"
"인터넷 들어가서 '호텔 알바'라고 치면 알바 구하는 호텔들 많아. 대부분 주말에 일하는 거라서 우리 같은 학생들, 특히 여자애들 하기 좋아."

선희의 이야기를 들으니 귀가 솔깃하다. 평일에는 학교에 다니느라 시간을 내기 어렵다. 그래서 주말에만 일할 곳을 찾았는데 호텔에서 알바생을 쓰는 줄은 몰랐다. 호텔이니까 분위기도 근사하고 일도 어렵지 않겠지? 혹시 몰라, 호텔 뷔페를 이용할 수 있을지도. 이렇게 해서 호텔리어가 되는 건가? 그래서 선택했다. 호텔리어!

선희 말처럼 인터넷 검색창에 '호텔 알바'라고 치니 아예 호텔 알바 정보만 전문적으로 제공하는 사이트들이 화면 가득 뜬다. 그중 '특급 호텔 주말, 일일, 단기, 장기 아르바이트 정보 제공'이라고 쓰인 호텔 정보 사이트를 클릭했다. 클릭하자마자 첫 화면에 유명한 호텔들의 알바 정보가 보기 쉽게 나열된다. 호텔들, 그것도 특급 호텔들이 이렇게나 알바생을 많이 뽑는다는 게 신기하기까지 하다.

○○호텔 1월 25일 토 17시~22시(시급 5,500원/ 초보 가능)
△△호텔 1월 25일 토 14시 30분~22시(시급 5,300원/ 초보 가능)

'어디가 좋을까? 이왕이면 크고 유명한 데가 좋겠지?'
이미 호텔리어가 되기라도 한 것처럼 기분이 좋아져서 △△호텔을 클릭했다.
"로그인 후 이용해 주세요."

알바 구하는데 회원 가입쯤이야. 그런데 어라? 이게 뭐야? 키, 몸무게에 사진까지 등록하게 돼 있는 가입서 양식을 보니 조금 망설여진다. 내 외모를 보고 뽑을지 말지 결정하겠다는 걸까. 외모 지상주의는 여기에서도 판을 치는구나. 그래도 이왕 하기로 마음먹었으니, 하자! 아이디를 만들고, 나이를 적고, 학력도 적고, 돈을 받을 은행명과 계좌번호도 적어 넣는다. 완료. 이제 기다리기만 하면 되나?

2.

호텔 정보 제공 업체에서 토요일 오후 2시까지 △△호텔로 오라는 문자가 왔다. 드디어 일을 하는구나 싶어 며칠 동안 기대하고 토요일에 갔는데 웬걸. 시작도 못 하고 돌아왔다. 머리카락이 검은색이 아니라는 게 그 이유였다. 나만 그런 게 아니다. 어떤 사람은 파마했다고, 어떤 사람은 검은색 구두를 신지 않았다고 집으로 돌려보내졌다. 학교에서 받았던 복장 검사를 여기에서도 받게 될 줄이야.

그래도 다시 도전해 보기로 했다. △△호텔은 복장 검사가 엄격했으니 이번에는 ○○호텔에 신청했다. 그런데 이번에도 호텔까지 가서 되돌아왔다. 모집 인원 20명이 꽉 찼다고 돌아가라는 거였다. 아니, 오라고 문자 보낼 때는 언제고 인원이 다 찼다고 돌려보내는 건 도대체 무슨 경우인지. 애초에 정원에 맞춰 사람을 뽑았으면 이런 일이 없었을 텐데. 혹시 오기로 한 사람이 오지 않거나 지각을 할 경우를 대비해 이렇게 필요한 인원보다 많은 사람을 부르는 걸까. 그렇다면 매번 나처럼 돌아가야 하는 사람이 생긴다는 건데. 이런 사실을 미리 알려 주지도 않고 오며 가며 돈과 시간을 버리게 만들었다 생각하니 화가 났다. 일을 시작하기로 한 시간보다 한참 일찍 간 건데 말이다. 내가 어리니까 만만하게 보고 예고도 없이 자기들 마음대로 가라 마라 하는 걸까. 호텔에서 일한다고 호텔리어가 되는 것은 아니구나, 실감하게 된다. 일은 시작도 안 했는데 맥이 풀렸다.

3.

   오늘은 단단히 준비했다. 2시 전에 호텔에 도착할 테니 지난번처럼 인원 초과로 잘리는 일은 없을 거다. 복장도 인터넷 홈페이지에 쓰여 있던 대로, 검정 구두를 신고 검은색 머리를 망으로 감싸서 단정하게 묶어 올렸다. 검정 구두가 없어서 살까 말까 고민하다가 배보다 배꼽이 더 클 것 같아 친구한테 그냥 빌렸다.
   지하철에서 내려서 호텔 앞에 도착한 시각은 2시. 미리 문자로 안내를 받은 직원 전용 출입문 앞에 가니 호텔 직원이 출근 체크를 하고 있다. 신분증을 보여 주고 보호자 동의서를 제출했다. 그랬더니 유니폼으로 갈아입고 2시 50분까지 5층 연회장에 모이란다. 지하 4층에 가서 유니폼을 받은 뒤 5층 연회장으로 올라갔다. 연회장 옆에 작은 창고가 있는데 그곳에서 유니폼을 갈아입으면 된다고 했다. 창고에 갔더니 중간에 가림막을 두고 이쪽에서는 여자들이, 저쪽에서는 남자들이 옷을 갈아입고 있다. 나도 그 틈에 끼어 함께 갈아입고 연회장으로 나왔다. 미리 도착한 사람들이 줄을 맞춰 앉아 있는데 이번에는 내가 가입한 호텔 정보 제공 업체에서 나온 직원이 다시 출근 체크를 했다. 일을 시작하는 3시까지는 아직도 30분 넘게 남았기 때문에 계속 대기 상태다. 같이 대기하고 있는 다른 알바생들한테 말을 건넸다.

"안녕하세요. 저, 혹시 호텔 알바 해 보셨어요? 저는 처음이에요."

"아, 안녕하세요. 저는 몇 번 해 봤어요."

"호텔 알바 어때요?"

"음…… 생각보다 힘들어요. 그래도 호텔 쪽은 주말에 알바 구하기 쉬우니까 그냥 하는 거예요."

갑자기 호텔 직원들이 소리를 지른다.

"이 새끼들, 엄청 떠드네."

"아이, 씨발, 시끄러워. 조용히 좀 해."

으악, 내가 일하러 와서 욕까지 먹어야 하다니. 같은 말이라도 좀 정중하게 하면 어디 덧나나.

　3시가 되었을 무렵 모인 사람은 알바생 80명, 호텔 직원 20명 정도였다. 알바생들은 대부분 내 또래거나 나보다 조금 나이가 많아 보였다. 호텔 직원이 다시 한 번 인원 체크를 한다. 그러더니 호텔 정보 제공 업체에서 나온 직원을 부르며 모두가 보는 앞에서 큰 소리로 이야기했다.

　"알바생이 너무 많잖아요. 우리가 당신 회사에 할당한 인원은 30명인데 지금 36명이 왔어요. 알아서 잘라요."

　"죄송합니다. 그렇게 하겠습니다."

　여기서 다시 한 번 인원 정리. 다행히 이번에는 잘리지 않았다. 하지만 집으로 돌아가는 사람들을 보고 있자니 괜히 내가 미안해졌다.

　인원 체크가 끝나고 교육이 시작되었다. 호텔 직원이 인솔하며 설명을 해 줬다.

　"오늘은 연회장에서 ○○회사의 창립 기념행사가 있어요. 연회장 안에 테이블이 50개 정도 되는데 테이블을 기준으로 12개의 구역을 나누고 한 구역, 그러니까 4개의 테이블을 4명이 맡아서 서빙을 보면 됩니다."

　이어 음식이 나오면 어떻게 서빙을 하는지, 언제 어떻게 그릇을 치우는지 알려 줬다. 알바생의 대부분이 여성인데 특별히 여성 알바생한테는 물과 와인을 따르는 일을, 남성 알바생한테는 물건을 나르는 일을 하라고 요구했다. 설명이 끝난 시간은 3시 40분. 이제 무엇을 하는 거지? 궁금해하고 있는데 다시 대기하다가 4시부터 4시 반까지 저녁 식사를 하란다. 대기하는 시간은 이렇게 길면서 밥 먹는 시간은 30분밖에 안 주다니. 그래도 호텔에서 주는 밥인데 맛있겠지? 내심 기대를 했는데, 웬걸, 내가 생각했던 그런 호텔 밥이 아니다. 구내식당에 가서 식판에 밥을 받아다 시간에 쫓기며 저녁을 먹었다.

4시 반, 5층 연회장에 올라가니 아까 교육했던 내용을 다시 한 번 확인해 줬다. 그리고는 또 지루한 대기 시간. 6시까지 바닥에 줄맞춰 앉아서 손님들이 올 때까지 기다려야 했다. 지루하다. 이럴 때는 수다가 최고지. 옆 사람에게 막 말을 걸려던 찰나, 갑자기 호텔 직원이 한 알바생한테 소리를 질렀다.

"야, 너 왜 이렇게 시끄러워. 여기 일하러 온 거지, 놀러 온 줄 알아? 저기 가서 벽 보고 서 있어!"

순간 조용해졌다. 혼이 난 알바생은 잠시 당황하다가 호텔 직원이 한 말이 농담이 아니라는 것을 깨닫고는 벽을 향해 걸어갔다. '아, 뭐야, 이게.' 답답한 마음에 옆에 앉은 알바생을 쳐다봤지만 똑같은 일을 당할까 봐 말을 걸지는 못했다. 다들 그랬던 모양인지 길고도 어색한 침묵이 흘렀다. 삭막한 분위기에선 시간도 더디게 가는 것 같았다. 결국 그 알바생은 대기 시간 내내 벽을 보고 서 있어야 했다.

화려해서 더 처량한

드디어 6시, 사람들이 밀려들었다. 연회장 양쪽 문 옆에 설치된 병풍 뒤에 숨어 앉아 있던 우리는 지시를 받고 자리에서 일어났다. 손님이 앉기 편하게 의자를 빼 주고, 물을 따르고 다시 병풍 뒤로 와서 지시가 있을 때까지 기다렸다. 병풍 하나를 두고 밖과 안의 분위기는 천지 차이다. 병풍 너머 연회를 즐기는 사람들은 우아하게 고급스런 분위기를 즐기고 있다. 그래서 병풍 뒤 바닥에 앉아 있는 우리의 신세는 더욱 처량했다. 어둡고 좁고 바닥은 딱딱하다. 마치 다용도실에 처박혀 있는 물건들 같다. 남들 눈에 보이지 않게 꾸역꾸역 처박아 놓은 물건들. 주인이 찾을 때를 기다리고 있는 물건들.

이제 수프를 나를 차례.

"야, 쟁반 쓰지 마. 손님들은 쟁반에 요리 담아서 내놓는 것 싫어하니까 손으로 접시 받치고서 나눠 줘. 그리고 그릇 떨어지지 않게 조심해. 그릇 깨지거나 손님 옷에 음식물 흘리면 다 너희가 물어 줘야 돼."

장갑도 없이 맨손으로 수프 그릇을 받치려니 뜨겁다. 그것도 양손에 두 개, 세 개를 동시에 받쳐서 내어놓으려니 떨어질까 봐 불안하다. 하지만 참아야지. 돈 벌러 와서 돈을 물어 주고 갈 수는 없다. 수프를 다 나눠 주고 병풍 뒤로 돌아온다. 계속 이렇게 손님이 다 먹을 때까지 바닥에 앉아서 대기해야 한다. 내놓은 음식을 손님들이 얼추 다 먹으면 지시에 따라 그릇을 치우러 움직

33

이고 그다음 음식을 내놓고 병풍 뒤로 돌아온다.

이 과정을 몇 차례 반복하고 나니 행사는 모두 끝났다. 손님들이 다 나간 시각은 9시. 이제 뒷정리를 해야 한다. 지시에 따라 그릇을 치우고 테이블과 의자들을 정리했다. 그런데 갑자기 호텔 직원이 손가락으로 몇 명을 가리켰다.

"야, 너, 너, 너, 너! 나 따라와."

직원이 우리를 데려간 곳은 부엌. 설거지를 하란다. 설거지한다는 이야기는 못 들었는데. 그래도 시키는 일이니 어쩔 수 없다. 차라리 빨리 끝내고 돌아가는 게 낫겠다.

설거지까지 모두 마친 시각은 10시 15분. 10시까지 일을 하는 것으로 알고 있었는데 15분이 초과됐다. 마지막으로 호텔 직원이 출퇴근 기록부를 내보이며 사인을 하란다. 출퇴근 기록부에는 오후 3시부터 밤 10시까지 근무한 것으로 적혀 있다.

"아니, 15분 넘었잖아요. 그리고 3시부터가 아니라 2시 20분부터 일한 거 아닌가요?"

"무슨 소리야. 인터넷 사이트에 3시부터 10시까지 일하는 것으로 되어 있었잖아. 그러니까 3시부터 10시까지 일한 거지."

계속 실랑이를 해 봤자 내 입만 아플 것 같아 시키는 대로 사인을 했다.

"돈은 언제 들어와요?"

"……."

내가 묻는 말은 들은 척도 안 한다. 집으로 돌아가는 발걸음이 무겁기만 하다.

4.

이틀 후 통장을 확인해 보니 돈이 들어와 있다. 그런데 이상하다. 왜 29,500원만 들어왔지? 3시부터 일한 걸로 치더라도 시간당 5,000원 받기로 했으니 10시까지 해서 35,000원 들어와야 하는 것 아닌가? 저녁 식사도 30분 만에 끝냈는데 쉬는 시간을 1시간으로 잡은 걸까? 아무래도 따져야겠다. 그런데 난감하다. 어디에 따져야 하는 거지? 호텔에 따져야 하나? 아니면 호텔 정보 제공 업체에 따져야 하나? 회원 가입할 때 계좌번호랑 은행명을 입력하라고 했으니 호텔 정보 제공 업체에 따져야 할 것 같은데, 통장에는 호텔 이름이 찍혀 있다. 그래도 유명한 호텔이니까 여기에 먼저 이야기를 하는 게 나으려나? 고민 끝에 호텔에 전화를 걸었다.

"여보세요. 저 이틀 전에 호텔에서 알바했는데요, 오늘 통장에 돈이 들어왔는데 적게 들어온 것 같아서요."

"우린 돈 다 지급했으니까 우리한테 따지지 말고 업체에 물어봐."

"아, 알겠습니다."

전화를 끊고 이번에는 호텔 정보 제공 업체에 전화를 걸었다.

"제가 지난주에 알바를 했는데요, 알바한 돈이 좀 적게 들어온 것 같아서요."

"어디서 일하신 거예요?"

"○○호텔요."

"잠깐만요. 언제 일하신 거예요?"

"8일 b타입으로 3시부터 10시까지요."

"잠깐만요, 이름이 어떻게 돼요?"

"차혜정이요. 제가 3시부터 10시까지 일했으니까 35,000원을 받아야 하는데 29,500원 들어왔어요. 휴식 시간은 저녁 식사 시간 30분밖에 없었는데 1시간을 쉰 것으로 처리한 것 같아요."

"산재보험비랑 그것 때문에 1시간이 공제되는 거예요. 그리고 수수료 500원은 타은행이라서 그런 거고요."

"타은행이라서요? 그걸 왜 제가 지불해야 하나요?"

"아, 저희가 거래하는 은행이 ○○은행이라고 홈페이지에 써 놨잖아요. ○○은행이 아니면 다 본인 것에서 공제되거든요. 저희가 공제하는 게 아니라 은행에서 공제하는 거예요."

예전에 다른 곳에서 알바를 했을 때도 돈을 적게 받은 적이 있다. 그때도 사장은 산재보험이니, 휴게 시간이니 하면서 돈을 덜 줬는데 알고 보니 산재보험료는 사장이 다 내야 하는 것이고 대기 시간도 일을 한 시간으로 포함해서 임금을 지급해야 하는 것이었다. 휴게 시간도 실제 쉰 시간을 기준으로 해야 한다고 했다. 그래서 다시 한 번 따져 물었다.

"그런 법이 어디 있어요. 저도 알바 여러 번 해서 잘 안다고요. 이렇게 나오면 그냥 신고할래요."

"……."

"제 말 듣고 있어요?"

"이봐요. 학생이 뭘 잘 모르나 본데 우리는 원칙대로 하는 거라고요. 그래도 이번에만 특별히 봐줄 테니까, 신고 같은 거 하지 마요."

앗싸! 역시 신고한다니까 바로 반응이 왔다. 이렇게 말해도 꿈쩍 않는 데도 많다던데. 혹시 쩔리는 게 있나? 제대로 받아도 찜찜한 이 기분은 뭐지?

해제
내 사장은 누구인가

수많은 사람들이 호텔에서 일을 한다. 그 중에는 사무 일을 하는 사람도 있고, 짐을 나르고 음식을 서빙하며 고객을 응대하거나 청소나 빨래를 하는 사람들이 있는가 하면 음식을 만드는 사람도 있다. 각각의 업무는 다르지만 일하는 장소가 호텔이라는 점, 호텔이 정한 규칙과 업무 지시에 따라 일을 한다는 점, 일의 성과가 호텔의 것이라는 점에는 차이가 없다. 호텔의, 호텔에 의한, 호텔을 위한 일을 하는 사람들이니 당연히 노동을 '사용'하는 호텔이 이들의 '고용자'가 되어야 하는 게 맞다. 때문에 예전에는 호텔이 호텔에서 일하는 사람들과 '직접' 근로 계약을 맺었다. 법도 이러한 '직접 고용'을 원칙으로 했다.

하지만 현재 호텔은 서빙·주방 보조 인력을 직접 고용하는 대신 인력 파견 사업을 하는 제3자와 계약하고 그 파견업체를 통해 간접적으로 공급받는다. 때문에 노동자는, 근로 계약은 파견업체와 하고 일은 호텔에 '파견'되어서 하게 된다. 자신을 고용한 업체와 자신의 노동력을 사용하는 업체가 서로 다른 것이다. 이런 형태의 고용을 '간접 고용'이라고 한다.

'간접 고용'은 외환위기 직후인 1998년 〈파견근로자보호 등에 관한 법률〉이 제정되면서 가능해졌다. 〈파견근로자보호 등에 관한 법률〉은 파견업체가 합법적으로 사람을 거래할 수 있는 길을 열어 놓았다. 즉 파견업체는 사용사업주와 파견 계약을 체결한 후, 자신이 고용한 노동자를 사용사업주에게 공급할 수 있게 된 것이다. 더불어 유료 직업 소개, 직업 정보 제공, 도급, 민간 직업 훈련이라는 이름을 가진 사업자들이 사용자와 노동자 사이에 끼어들었다. 노동자를 지휘·감독하고 노동의 이익을 얻는 자가 사용자로서 책임을 져야 한다는 직접 고용의 대원칙은 이렇게 허물어졌다.

회사들은 앞다투어 노동자를 해고하고 그 자리를 파견업체를 통해 공급받은 사람들로 채웠다. 그 대표적인 케이스가 바로 호텔이다.

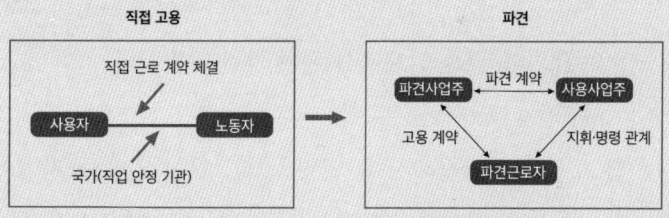

이런 방식으로 사람을 고용하면 호텔은 일의 많고 적음에 따라 인력을 그때그때 줄였다 늘렸다 할 수 있다. 또한 일하는 노동자들에게 미지급 임금이나 산업재해가 발생해도 책임질 필요가 없다. 호텔 입장에서는 남는 장사다.

그러나 누군가 이득을 보면 손해를 보는 사람도 생기기 마련이다. 이 경우에는 노동자가 피해자다. 노동자에게 어떤 피해가 생기는 걸까.

첫째, 사용자가 누구인지 분명하지 않기 때문에 노동자는 임금을 못 받거나 사고가 나도 누구를 상대로 책임을 물어야 할지 난감하다. 실제로 일당을 못 받은 서빙 노동자가 호텔에 미지급 임금을 달라고 요청했지만 호텔은 거부했고, 파견업체 역시 발뺌했다. 일을 하다 다친 경비 노동자도 호텔에 책임을 물었지만 호텔은 파견업체에 말하라고 답을 했고 파견업체는 나 몰라라 했다.

둘째, 직업 정보 제공 업체나 파견업체가 가져가는 수수료로 인해 노동자에게 돌아오는 임금이 줄어든다. 직접 고용 형태에서는 수수료가 발생하지 않지만 간접 고용하에서는 자신이 일하는 노동의 대가를 중간 업체에서 떼어 가기 마련이다. 그래서 노동자의 임금은 더욱 낮아진다.

셋째, 고용이 불안정해진다. 인력을 제공받는 업체는 자신이 직접 고용한 노동자가 아니므로 언제든지 마음만 먹으면 노동자를 해고할 수 있다. 그렇다고 해서 파견업체가 노동자의 일자리를 보장하는 것도 아니다. 노동자의 근무 기간은 인력을 제공받는 업체가 원하는 기간으로 정해지기 때문이다.

호텔의 경우는 이러한 문제가 더욱 심각하다. 피해자들이 대부분 청소년이기 때문이다. 간접 고용의 확산은 어제오늘 일이 아니지만 청소년에게까지 간접 고용이 확산되고 있다는 것은 심각한 문제이다. 간접 고용하에서는 책임을 져야 할 진짜 사용자를 찾아내는 일도, 그 사용자를 상대로 책임을 묻는 일도 어렵다. 그러다 보니 억울한 일을 당해도 그냥 넘어갈 수밖에 없는 경우가 많다. 사회적 약자인 청소년은 더욱 그런 위험에 노출되기 쉽다.

또한 직업 정보 제공 업체의 실체가 불분명하다는 것도 문제다. 파견업체는 사람을 거래하는 곳이기 때문에 위험 요소가 많다. 생각해 보라. 말만 그럴싸할 뿐 사람을 거래하는 것은 사실 인신매매가 아닌가. 그래서 법은 일정한 요건을 두고 허가를 받아서 파견 사업을 하도록 정하고 있다. 반면 직업 정보 제공 업체나 직업소개소는 등록이나 신고만으로 운영할 수 있다. 그러다 보니 직업 정보 제공 업체나 직업소개소로 형식을 갖추고 실제로는 파견 사업을 하는 곳들이 많은데 호텔 정보 제공 업체가 말 그대로 직업 정보만 제공하는 것인지, 아니면 파견 사업을 하는 것인지 불분명하다.

분명한 것은 호텔이 노동자들을 직접 지휘, 감독하고 노동의 대가를 향유한다는 것이다. 그렇다면 결론은 하나다. 호텔이 노동자들의 사용자로서 책임을 져야 한다. 직접 노동자들을 고용하여 사용관계뿐만 아니라 고용관계에 대한 책임도 져야 한다. 그것이 노동의 원칙이다.

나는 일회용품이 아니다

...

택배 노동자 가람이의 하루

1.

"가람아! 시험 끝났는데 어디 가?"
"어, 알바~ 낼 보자~."

"네, 네. 6시까지요? 네."
 6시까지 ○○디지털단지에 도착해야 된다니 서둘러야겠다. 지난번처럼 허탕 치지 않으려면 일찍 가서 기다리는 게 장땡이다.

2.

일찍 왔는데도 벌써 아저씨 몇 명이 도착해 있다. 서둘러 ○○ 인력사무소 직원한테 등록해 놓고 한쪽에 가 자리를 잡았다. 6시가 가까워지면서 대기 장소가 꽉 찼다. 6시 10분쯤 오는 사람 몇 명을 돌려보내더니 작업복 차림의 아저씨 한 분이 사람들을 불러 모은다.

"자! 자! 이쪽으로 모여 봐요. 오늘 화물차가 일찍 와 있어서 6시 30분부터는 시작할 거요. 혹시 경력자 있어요? 경력자는 요쪽으로 나오시고 나머지는 자리에서 잠깐 기다리쇼들."

얼마나 일한 사람을 경력자로 치는 건지 모르겠지만 꽤 많은 사람들이 경력자라면서 앞으로 나간다.

'나도 몇 달 하면 경력자로 쳐 줄라나? 아니야. 몇 년은 한 사람들이겠지?'

앞으로 모인 사람들한테 뭔가를 묻고 적고 하더니 조끼를 나눠 준 후 자리로 돌려보냈다. 경력자들이 다시 자리로 돌아오자 이번에는 나머지 사람들에게 등록한 인력사무소별로 조끼를 나눠 준다. 나는 등번호 11번의 빨간 조끼를 받았다. 말이 조끼지, 축구시합 할 때 편 갈라 입는 그냥 천 쪼가리다. 그러곤 3명씩 한 조로 묶어 준다. 마치 조별로 경쟁이라도 시킬 것 같은 분위기다. 화물차 앞으로 이동하기 전 하얀 목장갑을 하나씩 나눠 주고는 또 몇 마디 일러둔다.

"몇 번 해 본 사람은 알겠지만 3인 1조로 할 거고, 사수 말 잘 들으면 수월할 거요. 일찍 끝날 수도 있으니깐. 중간에 40분 밥 먹는 시간이 있으니 그리 알고 쉬는 시간은 요령껏 챙기쇼. 험한 일이니까 몸조심들 하고. 지난번에 오징어 생물 잘못 다뤄서 하루 일한 거 다 날린 사람 있으니 생물 잘 다루쇼. 그리고 여기는 일당 지급이오. 중간에 가면 한 푼도 없으니 그렇게들 아쇼."

'어라? 중간에 가면 일당이 없다고?'

궁금한 얼굴로 사수를 쳐다봤지만 사수는 예사롭게 듣고 있었다. 다른 사람들도 마찬가지였다. 지루한 훈화를 듣는 것처럼 멍한 표정으로 드링크 음료를 홀짝거릴 뿐이었다.

'에이, 뭐 나는 그럴 일 없으니깐.'

그래도 왠지 찜찜했다. 예전에 이삿짐센터에서 일할 때 일을 못한다며 일당을 만 원 깎아 버린 일이 떠올랐다. 이번에도 그렇게 되면 되게 억울할 것 같다는 생각이 꼬리를 물면서 신경이 쓰였다.

'아니, 어떤 알바를 해도 일한 시간만큼은 주는데 여기는 뭐지? 그러면 불법 아닌가? 뭐 믿고 저렇게 당당하게 얘기하지? 그런데 다른 사람들은 아무 불만이 없는 건가? 왜 다들 그냥 넘어가지? 나도 가만히 있어야 하나?'

아무 말도 못 하고 신경만 곤두서 있는데 사람들이 흩어지고 있었다.

"전할 말은 끝났으니까 사수 따라 움직이쇼."

사수 뒤꽁무니를 졸졸 따라 컨베이어벨트 쪽으로 이동했다.

"야! 너! 가람이라고 했나? 그냥 막내라고 하자. 불만 없지? 얼굴 붉힐 일 없게 잘하자!"

"넵!"

보자마자 반말에 말이 좀 거칠긴 했지만 원래 그러려니 했다. 나는 상차 작업에 배정됐다. 택배 상자를 화물차에 싣기만 하면 된다고 했다. 그런데 11톤짜리 화물차 짐칸이 어마어마하게 크고 높았다. 버스도 들어갈 크기다. 저 아득한 높이까지 상자를 차곡차곡 쌓으려면 사다리가 있어야 할 것 같았다.

"아저씨, 사다리 없어요?"

"뭐? 사다리? 새꺄, 이 상자 쌓고 밟아서 올라가는 거지 뭔 사다리. 눈 있으면 좀 봐라. 여기 사다리 놓고 일하는 사람 있나."

"이거 완전 초짜구먼. 어휴."

"아, 뭐해. 알아들었으면 빨리빨리 움직여!"

사수랑 부사수 아저씨 말대로 사다리는 눈 씻고 찾아봐도 없다. 다들 물건을 밟고 올라 다니면서 쌓고 있다.

'저러다 물건이 쏟아져 내리면?'

생각만 해도 아찔한데 다들 뭐 대수냐는 듯 바쁘게 움직이고 있다. 어쩔 수 없다는 생각은 하지만 정말 '헉'이다. 정신 바짝 차려야겠다. 긴장했는지 온몸에 힘이 들어간다.

3.

　물건 들고 올라가 쌓고 뛰어 내려오기를 수차례 반복했더니 무릎이 시큰거린다. 상자 크기와 모양새만 봐도 대충 무게가 짐작되어 집어 들기도 겁났다. 하얗던 목장갑 바닥은 이미 새까매졌고 땀에 절고 들러붙은 탓인지 물건을 집을 때마다 손끝이 찌릿찌릿하다. 차 한 대를 채워 보내니 다음 차가 들어올 때까지 잠깐 쉴 틈이 생겼다. 몇 시간은 지난 것 같은데 시계를 보니 겨우 40분이 흘러 있었다.
　"저…… 사수 아저씨. 물 좀 먹고 와도 돼요?"
　"차 금방 또 오니까 얼렁 갔다 와. 농땡이 칠 생각은 하지도 말고."
　'농땡이? 나를 뭘로 보고. 자기들은 물도 안 마시나?'
　삐죽거리며 물 한잔 겨우 마시고 서둘러 돌아왔다. 사수 말대로 벌써 화물차 한 대가 시커먼 입을 떡하니 벌리고 있다. 컨베이어벨트를 타고 쉴 새 없이 물건이 내려왔다. 나를 괴롭히러 내려오는 괴물 같다. 저거 탁 멈춰 버리면 괴물이 사라지려나. 부질없는 생각은 생각대로 몸은 몸대로 움직이고 있다. 물 마시러 잠깐 다녀왔을 뿐인데 화물차 주변으로 쌓인 상자가 꽤 된다. 상자 좀 화물차 안으로 밀어 넣어 주면서 작업하면 어디가 덧나나 싶은데 사수는 여전히 상자에 붙은 바코드만 찍고 있고, 부사수는 바코드 잘 찍게 상자를 잡아 준 후 컨베이어벨트 아래로 내려놓는 일만 반복하고 있다. 사수가 가끔 자리를 비우면 부사수 혼자 바코드 찍고 내려놓는 일을 했다. 갑자기 분노가 일었다.

'경력자라더니 나보다 쉬운 일만 하고 있네. 쳇!'

여태 나 혼자 쎄빠지게 뛰어다니고 있었다 생각하니 확 열이 올랐다. 아까는 무심결에 듣고 넘겼던 욕설도 생각나면서 무지 억울해지기 시작했다.

'좆뺑이 칠 각오하고 오라더니 진짜 장난 아니네. 앞으로 10시간은 족히 남았는데 말아 버릴까? 낼부터 이런 빡센 일 말고 커피숍 알바를 찾아볼까? 아니지, 쫌만 꾹 참고 버티면 6만 5천 원이 내 손에 있을 텐데. 참자. 암, 참아야지.'

고개를 한 번 휘휘 털고 화물차 주변에 쌓인 물건부터 올렸다. 차 한 대 보낸 자신감인지 버틸 만하다는 생각도 잠깐 들었다. 그런데 물건을 꽉 채워 화물차를 겨우 떠나 보내면 또 한 대가 와서 입을 떡 벌린다. 이렇게 쉴 틈 없이 몇 시간 동안 일했더니 저 화물차가 나를 집어삼킬 것 같이 징그럽다. 온몸이 뻐근해지고 눈꺼풀도 점점 무거워지고 땀범벅이 되었다. 아무 생각도 나지 않고 관성대로 움직였다. 처음엔 물건이 상할까 봐 상자를 조심조심 내려놨는데 어느새 나도 모르게 획획 던지고 있었다. 생물도 예외가 없다.

'힘들어 죽겠고만 생물이 대수야. 터지면 어쩔 수 없지 뭐.'

절임 배추 1,000상자는 족히 올렸을 거다. 이 시간 이후로 배추김치는 보기도 싫어질 것 같다. 쌀 포대가 아닌 게 얼마나 다행인지. 그나저나 좀 전에 상자를 잘못 밟아 발목을 삐끗했더니 일이 더뎌졌다. 뛰어다녀야 일이 빠른데 말이다. 이런 사정도 모르고 사수와 부사수는 계속 고함만 질러 댄다. 무슨 기합 넣듯이 소리를 질러 대는 통에 귀가 멍멍하다. 매정한 사람들 같으니라구.

주위를 둘러보니 온통 까맣다. 화물차 입구와 컨베이어 벨트를 따라 밝힌 전구만 흔들리고 있다. 천장은 쓸데없이 높아서 어둠 속에서 '끼익 끽' 컨베이어벨트 돌아가는 소리가 울려 대 거슬린다. '퍽', '퍽' 바닥에 물건 떨어지는 소리도 공포스럽다. 사람 얼굴도 잘 보이지 않고 고함과 지시로만 일이 진행되고 있다. 시간이 지날수록 점점 더 힘들어지고 입에서 단내가 나는 것 같다. 가슴도 휑한 것이 혼자 온 게 후회된다. 상원이 녀석이라도 꼬셔서 같이 올 걸 그랬다. 옆 라인은 언제부턴가 부사수가 차에 싣는 일도 같이 하고 있다. 사수랑 부사수를 잘 만났어야 하는데 인복이 지지리도 없다.

4.

    5시간 정도가 지나니 참을 먹거나 쉬는 시간이 주어졌다. 꼴랑 40분이지만 그마저도 엄청 길고 소중한 시간이란 생각이 들었다. 근데 식사는 제공해 주지 않았다. 알아서 도시락 같은 걸 싸 왔어야 한단다. 사수랑 부사수는 알고 있었나 보다. 아까 옆에 고이 내려놓던 게 도시락이었구나.
    '에이 씨, 안내할 때 도시락 싸 가지고 와야 한다는 말도 안 해 주고. 참 너무하네.'
    나처럼 도시락을 안 싸 온 사람은 짐 사이에 박스를 깔고 벌러덩 누워 버리기도 했다. 먼지 구덩이에서 하나둘 도시락을 꺼내 먹는 걸 보고 있자니 갑자기 나도 허기가 밀려온다. 쉬는 시간이 끝나면 빈 속에 이 일을 다시 반복해야 하는데. 생각이 거기까지 미치니 빨리 여기를 벗어나고 싶어졌다. '도중에 가면 일당 없다!'는 말이 뒷목을 당겼지만 한 번 벗어나고 싶다 생각하니 다른 생각은 끼어들 틈이 없다. 몸은 물 적신 솜처럼 천근만근이고 피로가 눈으로 확 쏟아지면서 아리더니 삐끗한 발목의 통증도 더 크게 느껴진다. 쉬고 나면 몸은 더 무거워지고 발목 통증도 더 심해질 게 분명하다. 오늘은 그만두는 게 낫겠다는 생각으로 <u>스스로 합리화하기</u> 시작했다. 5시간 일한 돈을 못 받는 건 억울하지만 발목을 못 쓰게 되면 더 큰일이니 어쩔 수 없다고 생각하기로 했다.

  같이 일한 아저씨들이 얄미워 말없이 자리를 떴다. 짐을 보관했던 장소가 어디였는지 쉽게 눈에 띄지 않았다. 일단 대기 장소 쪽으로 갔다. 내가 등록했던 인력사무소 직원 말고 다른 직원이 있었다. 가겠다고 하니 너무나 태연하게 짐 보관 장소를 알려 준다.

"조끼 벗어 놓고 가."

'뭐야? 왜 가는지는 묻지도 않고. 이놈의 천 쪼가리, 가지라 해도 싫다!'

  늘 있는 일이라는 듯 대하는 직원의 눈빛이 '너도 별수 없는 애송이네' 하며 비웃는 것 같았다. 갑자기 내가 너무 초라하게 느껴졌다. 패배자가 된 느낌도 들었다. 다시는 이 일을 못 할 것 같은데 또 어떤 일을 구해야 하나 생각하니 막막해졌다. 참았던 설움이 북받쳤다.

  벽에 붙어 있는 '고용노동부 인증 사업장' 어쩌구 하는 현수막에 헛웃음이 나왔다. 나처럼 소모되는 일회용 인력이 이렇게 들고 나는 걸 알기나 하냐고 소리치고만 싶었다.

해제
**당일 배송
잔혹사**

택배 물품 분류 노동은 낮 동안 모인 물품을 밤새 지역별로 분류하고 화물차에 싣고 내리는 일이다. 일의 숙련도로만 치면 단순한 업무에 속한다. 그러나 일의 강도는 엄청나다. 택배 물품 분류 노동은 크게 세 가지로 구분한다. 화물차가 도착하면 물건을 내리는 하차 작업, 내린 물건을 지역별로 분류하는 작업(소분류)과 다시 화물차에 싣는 상차 작업이 그것이다. 상하차 작업은 물품에 따라 40kg이 넘기도 하는 중량물을 싣고 내리는 중노동의 반복이다. 화물차 한 대에 싣는 짐의 무게가 11톤에 이른다. 3명이서 15kg 귤 상자 730여 개를 싣는 데 걸리는 시간은 30분. 택배 상자는 크기가 들쭉날쭉이라 쌓는 데 시간이 더 오래 걸린다. 1시간만 반복해도 "손가락이 마비됐다", "허리가 끊어질 것 같다"는 말이 절로 나온다.

상하차 작업 전 과정인 소분류 역시 빠르게 돌아가는 컨베이어벨트를 따라 쉴 새 없이 몸을 움직여야 하는 중노동이다. 눈도 빨라야 하고 손도 빨라야 하고 코드를 외워서 분류하려면 머리도 팽팽 돌아가야 한다. 밤을 하얗게 새우면서 몸을 놀려야 하기에 아무리 건강한 사람이라도 장기간 버티기 힘든 일이다. 1년 이상 일한 경력자를 찾아보기 힘든 직종이다 보니 경력에 따라 어떤 '계급 같은' 서열이 확실하게 정해져 있어 일하는 과정이 상당히 위계적일 수밖에 없는 구조다.

무엇보다 물류센터 노동은 저녁부터 다음 날 아침 사이에 이뤄지는 야간 노동이다. 야간 노동은 국제암연구소(세계보건기구 산하)에서 2급 발암물질로 규정했을 정도로 그 유해성이 심각하다. 우리 사회도 이를 인식하면서 주간과 야간에 교대로 24시간 작업하던 사업장이 주간에 2교대로 일하는 구조로 바뀌고 있다. 고용노동부는 24시간 영업하는 프랜차이즈와 택배집하장에서 일하는 청소년의 건강을 보호하기 위해 자정부터 오전 6시 사이 심야 시간 노동의 인가를 제한한다고 발표하기도 했다. 그러나 당일 배송을 외치면서 속도 경쟁을 벌이는 택배 회사들의 야간 노동은 오히려 느는 추세다. 심야 시간 노동 인가 제한은, 주간에 할 수 있는 괜찮은 일자리를 마련하는 정책이 뒤따르지 않는다면 '보호'를 이유로 청소년의 노동 기회만 뺏는 대책이 되기 쉽다. 학업과 일을 병행해야 하는 청소년에게 야간 노동은 더없는 기회이고, 학교를 다니지 않는 청소년에게도 택배 물류센터는 진입 장벽이 높지 않은 몇 안 되는 일터이기 때문이다.

야간 12시간 동안 졸음을 쫓아 가며 초긴장 상태로 중량물 작업을 반복해야 하는 노동 강도에 비하면 임금은 많지 않다. 야간 노동과 초과 노동에 대한 가산수당을 못 받는 경우까지 생각하면 말도 안 되게 적은 임금이다. 게다가 시간을 다 채우지 않으면 임금을 주지 않는 것을 당연하게 생각하는 업체도 있다. 일한 시간만큼 임금 청구를 하는 것은 노동자의 당연한 권리이고, 일하기로 한 시간을 다 채우지 못했다고 임금을 주지 않는 것은 근로기준법 위반이다. 그러나 사업주는 경험이 없는 초보자를 인력사무소들을 통해 하루 단위로 간접 고용하고 중간에 가는 경우 임금을 지급하지 않는 방식으로 노동의 대가를 갈취하고 있다.

위험한 상황이 닥치면 알리거나 조치를 취해 줄 직원이 가까이에 있지도 않다. 산업재해를 예방할 수 있는 기본 장비가 없을 뿐 아니라 위험이 예측되는 작업 과정에 대한 사전 교육도 없다. 모든 사고에 대한 위험 부담은 고스란히 노동자들의 몫이다. 상하차 과정에서 물건에 하자가 생겼을 경우 노동자에게 손해배상을 떠넘기기도 한다. 이런 열악한 노동 조건 속에서 하룻밤 잘 견디면 일당을 받아 가는 거고, 견디지 못하면 민폐를 끼치고 떠나는 뜨내기로 취급당하는 것이다.

쉬는 시간을 제대로 보장받지 못하는 문제, 밤을 꼴딱 새면서 피곤한 몸으로 반복하는 중량물 작업, 아슬아슬하게 쌓인 택배 물품이 언제 굴러떨어질지 모르는 좁은 공간에서 이루어지는 맨손 작업 등 택배 물품 분류 노동이 '지옥 알바'로 불리는 이유가 여러 가지 있다. 특히 어리고 경험이 없는 경우 육체적으로 힘들 뿐 아니라 폭언과 험악한 작업 환경을 견뎌야 하는 긴장과 불안함이 택배 노동을 몇 배는 더 힘든 노동으로 인식하게 하는 요소다. 당일 배송, 총알 배송에 가려진 위험한 일터, 거기에 일회용품처럼 소모되는 청소년 노동자가 있다.

즐거우면
그걸로 된 걸까
...

키다리 피에로 민관이의 하루

#1.

나는 고등학교 2학년이다. 집안 형편도 넉넉지 않은데 고등학생이 돼서 부모님께 용돈을 받기가 미안했다. 뭔가 일을 해야 겠다는 마음을 먹은 지는 오래됐지만 올해 초에야 알바 사이트에 들어가 이것저것 알아보게 되었다.

'식당 서빙, 편의점 알바…… 이런 것밖에 없나?'

온갖 패스트푸드점과 고깃집, 편의점 알바가 주르륵 적혀 있었지만 별로 끌리지 않았다. 알바 후기에도, 내 또래 학생들은 몸이 힘들다거나 사람들이 막 대해서 맘 상했다는 얘기가 많았다. 그러다가 뭔가 새로운 것을 발견했다.

> **이벤트 행사 인력 초보자 또는 경력자 모집합니다**
>
> 단기간 알바 아니고 꾸준히 하실 분만 지원 바람.
> 평일까지 하는 분들은 일정 기간 교육 완료 후 일 진행 시
> 평균 150~200만 원 정도 받음.
> 근무일 또는 경력에 따라 금액 추가.
>
> - 나이: 18~28세까지
> - 시급: 10,000원부터!!
> - 일당은 실력과 경력에 따라 6~13만 원까지 차등 지급
> - 월요일에서 일요일까지/ 금, 토, 일/ 주말반 모집
> - 놀기 좋아하고 운동이나 춤 좋아하는 분, 연기를 배우려는 분께 추천
> - 연습실: 서울 ○○구 ○○ 근처(교육 및 연습은 여기서)
> - 교육은 무료로 진행
> - 일은 수도권 근처(서울/인천/경기권) 행사장으로 파견

'어? 이거 뭐야? 시급이 만 원부터? 놀기 좋아하고 운동이나 춤 좋아하는 사람을 찾는다고? 교육도 무료로 시켜 주고? 괜찮은데?'

뭔가 운명처럼 확 끌렸다. 주말에만 일하는 팀도 있어서 학교 다니면서도 할 수 있을 것 같았다. 알바 공고에 적힌 번호로 바로 전화하고 가 봤다. 까다로운 조건은 없었다.

처음 간 날은 회사 연습실에서 '스틸트^{stilt}'라고 부르는 키다리 발판 타고 걷기, 풍선 불기, 피에로 분장하는 법과 손님 대하는 법을 배웠다. 일단 걷는 연습부터 했다. 스틸트 타는 건 처음 해

보는 거라 어려웠다. 좀 많이 무거워서 내 발이 작은 편이 아닌데도 스틸트를 감당하기가 힘들었다. 가끔 넘어지기도 했다. 좋은 스틸트는 에어가 들어 있어서 푹신푹신하다는데, 오래된 건 충격 흡수도 안 되고 발이 진짜 아팠다. 여러 가지 방법으로 걷는 연습을 한 뒤에 풍선 불기도 같이 연습했다. 풍선 불기도 정말 쉽지 않았다. 보통 때 하던 대로 볼에 힘을 빡 주고 요술풍선을 몇 개 불었더니, 입안이 터질 듯하고 막 찌릿찌릿했다. 그런 내 모습을 보더니 팀장님이 한마디 했다.

"야, 그렇게 불면 아구 나간단 말이야. '휘우~' 하고 휘파람 불 듯이 불어야지."

"아, 팀장님, 그냥 펌프로 하면 안 돼요? 너무 힘들어요."

"얌마, 간지가 안 나잖아. 그리고 행사 하면서 펌프는 어떻게 들고 다닐래? 손님이 풍선 만들어 달라는데 펌프 가지고 왔다가 다시 갖다 놓고 그럴래?"

주의사항도 많았다. 스틸트를 탄 채로 걷다가 뒤로 돌 때는 주변에 사람들이 있는지, 특히 어린이들이 있는지 잘 살펴야 하고, 오르막이나 내리막길은 균형 잡기 어려우니까 조심해야 하고, 행사장 근처 바닥이 평평한지, 패이거나 튀어나온 데는 없는지도 잘 봐야 하고……. 그냥 걷다 넘어져도 아픈데 스틸트 타다 여차해서 넘어지면 꽤나 다칠 것 같았다. 다치면 내 손해니까 많이 연습하고 조심해야지.

주말에만 사무실에 나갈 수 있다 보니 거의 한 달 동안은 연습만 했다. 같이 연습하는 친구랑 스틸트를 타고 연습실 주변을 걸어 다니기도 했다. 이렇게 교육받는 건 일하는 게 아니고 연습하는 거라 따로 시급이 나오진 않는다. 그런데 연습을 많이 하면 더 잘하게 되고, 그러면 점점 시급이 오르니까 연습할 때 돈 못 받는 게 대수냐 싶었다. 연습 출석표가 있는데, 2시 이전에 와서 연습하면 스티커를 붙인다. 스티커가 늘어나면 은근히 기분이 좋다.

어느 정도 숙달되었다 싶었는지 사장님이 실습을 한번 나가보자고 했다. 실습은 키다리 피에로 선배가 나가는 행사장에 따라가서 2~3시간씩 연습하고 오는 거다. 보통 한 번 정도 나가지만 경우에 따라서 두 번 나가기도 한다. 그다음에 바로 행사를 나가게 된다. 처음 실습 나간 곳은 서울 근교의 백화점 어린이날 행사였다. 애들이 너무 많아서 도대체 백화점인지 놀이공원인지 분간이 안 갔다. 그날, 요술풍선 100개들이 한 봉지를 거의 다 불었다. 같이 간 형에게 힘들었다고 투정을 부렸더니 형이 말했다.

"야, 요령 있게 해야지. 난 요술풍선 20개 하고 나머지는 라운드 풍선으로 해결했잖아."

역시 경력자는 뭐가 달라도 다른 것 같다.

2.

이제 일을 시작한 지 여섯 달쯤 되어 간다. 이제 임금도 좀 올라서 행사 한 건을 하면 7만 5천 원을 받는다. 팀장님은 내가 잘해서 다른 사람들보다 임금이 빨리 오르는 거라고 했다. 실력이 늘지 않고 못하는 사람들은 꽤 오랫동안 6만 원을 받기도 한다. 임금은 건당 10만 원까지 오른다. 처음 일을 시작할 땐 하루에 행사 두 건도 할 수 있을 거라 생각했는데 실제로 해 보니 그건 어렵다. 정말 운 좋게 가까운 거리에 행사가 연달아 잡히는 경우도 있긴 하지만, 정말 드문 경우다.

얼마 전에는 팀원 전체가 야유회를 가기도 했다. 야유회에서는 친하게 지내던 현우 형이랑 속내를 얘기하게 됐다. 나를 많이 챙겨 주던 착한 형인데, 조만간 일을 그만둔다고 했다.

"너는 주말에만 일해서 잘 모르겠지만, 평일에는 행사가 별로 없어. 추울 때도 행사가 없고. 우리 일이 성수기가 아니면 별로 없잖아. 불시에 취소되는 경우도 많은데, 취소되면 다른 행사로 바로 갈 수 있는 것도 아니고 그날 하루 공치게 되니까. 그런 게 자꾸 쌓이니까 힘들어서 좀 안정적인 알바를 구하려고."

"하긴, 급하게 잡히는 행사가 많은 거 같긴 해요. 그래도 어디서 이런 알바를 찾겠어요. 다른 일은 몸도 힘들고 돈도 얼마 못 버는데."

"이번 달에 얼마 벌지 예상하기가 어렵잖아. 한 달에 나가는 돈은 일정한데 버는 돈이 들쭉날쭉하니까 생활이 안 돼. 게다가 상시 대기 상태로 늘 준비 중이어야 하고. 사실 이 일 오래 하는 형들도 별로 없잖아. 가끔 잘생기고 끼 있는 애들은 기획사에서 스카우트하기도 한다던데 그런 일이 아무한테나 일어나는 것도 아니고."

"형은 그럼 이제 안 나와요?"

"당분간 주말 행사는 나오려고 해."

모처럼 형들을 만나 신이 났는데, 친한 형이 그만둔다는 얘길 하니까 심란했다. 생각해 보니 나도 지난주 토요일에 인천 쪽 개업 행사에 가다가 다시 돌아왔다. 지하철로 한창 가는 중에 비가 와 행사가 취소됐다는 연락을 받은 것이다. 키다리 피에로 의상이랑 스틸트며 분장 도구, 장비를 들고 차비 들여 1시간 넘게 움직여도 일당은 없다. 이 일이 이런 게 좀 안 좋다. 건설 현장에서 노가다 뛰는 삼촌은 아침에 일이 취소되더라도 일당을 받는다던데. 이렇게 뭔가 예측할 수 없고 불규칙한 일정을 감당해야 하지만, 그래도 계속하고 있다. 어떤 일이든 어려움은 있을 테니까, 이 정도는 감당할 만하지 않나 생각하면서 말이다.

3.

일을 나가려면 단체 채팅방에 올라오는 공지를 잘 보고 내 일정에 맞는 행사를 팀장님에게 얘기하면 된다. 나도 며칠 전부터 단체 채팅방에 올라오는 공지를 살폈다. 지난 몇 주 동안 시험 기간이라 일을 못 했더니 용돈이 바닥나서 조바심이 나기도 했다. 언제쯤 내가 원하는 날짜가 나올까 고대하고 있었는데 다행히 일이 잡혔다.

오늘 행사는 부천, 오전 11시부터 6시간 동안 진행되는 휴대전화 판매장 개업 행사다. 나랑 내레이터 모델 2명이 한 팀이란다. 제발 오늘 오는 내레이터 모델들은 착한 누나여야 할 텐데. 지난번 만난 누나들은 내가 어리다고 무시하고 험하게 굴렀다. 같이 일하는 사람들이랑 팀워크가 안 맞으면 하루가 정말 피곤하다. 단체 채팅방에서도 행사 때 만난 내레이터들 평이 꽤 많은 걸 보면 다들 겪는 고충인가 보다.

부천으로 가는 데만 2시간이 걸리고 행사 시작 전에 준비도 해야 해서 8시쯤 장비들을 챙겨 집을 나왔다. 부천이나 인천보다 더 먼 지방으로 갈 때는 사장님이 차로 데려다 주기도 하는데 오늘은 혼자 지하철로 이동했다. 도착해서 분장하고 옷을 갈아입는 데 꼬박 1시간이 걸렸다. 가끔 호텔 같은 곳으로 행사를 가면 분장해 주는 분들이 있기도 한데, 대부분은 내가 직접 한다.

 일은 보통 1시간에 45분 일하고 15분 쉰다. 그 45분+15분을 '한 타임'이라고 한다. 6시간 중에서 한 타임은 식사 시간이니까 실제 일하는 시간은 다섯 타임인 셈이다. 두 타임 하고 1시간 밥 먹고, 남은 세 타임을 하면 끝난다. 끝없이 밀려오는 사람들에게 전단을 뿌리고 풍선도 불어 주면서 춤까지 춰야 하기 때문에 쉬는 시간은 꼭 필요하다. 쉬는 시간엔 주로 직원 통로나 주차장에 앉아 있는다. 사람들 눈에 안 띄는 데서 쉬어야 신비감을 줄 수 있기 때문이다.

 내레이터 모델이랑 같이 나가는 행사에는 치근대는 사람들이 종종 있다. 아무래도 내레이터 모델 누나들은 예쁘고 노출 있는 옷을 입어야 하니 피해를 보는 일이 많다. 그러면 보통 키다리 피에로가 막아 준다. 여의치 않을 때는 경찰에 신고하고 같이 경찰서를 가기도 한다. 다행히 오늘은 그런 진상 손님이 없는 것 같다. 가족이나 연인 단위 행인들이 많아 그런지 어른이나 아이 할 것 없이 키다리 피에로의 장난을 잘 받아 주고 유쾌하게 넘어가 준다. 어린아이들은 악수만 해도 좋아서 난리다. 가끔 피에로 공포증이 있는 사람들이 있는데, 오늘도 행사장을 지나가던 아기 하나가 나를 보더니 막 울었다. 그럴 땐 더 울지 말라고 재빨리 매장 안으로 들어가 주면 된다.

 행사는 5시에 끝났다. 그런데 스틸트가 좀 망가진 것 같다. 부족한 풍선도 챙길 겸 사무실에 들렀더니 같은 팀 태호 형이 있었다. 태호 형은 키다리 피에로를 한 지 2년이 넘었다. 나하고는 세 살 차이가 나는데, 이 일만 하고 있다. 얼마 전에 현우 형이랑 했던 얘기가 떠올라 이것저것 물었다.

"형은 팀 만들어서 독립 안 해요?"

"나 지금 사인 스피닝sign spinning(광고판 돌리기) 새로 배우기 시작했거든. 그거랑 석고 마임 이런 거 더 해 보고 팀 꾸려서 나가려고 준비하는 중이야."

"스틸트 타면서 사인 스피닝까지 같이 하는 거 보니까 엄청 재밌어 보여요. 근데 무겁지 않아요?"

"뭐, 무겁긴 한데, 사인 스피닝을 같이 하면 일당이 좀 추가되거든. 너도 배워서 해 봐."

"아, 이런 것도 연습실 가서 연습하면서 하나씩 더 배우는 건가 봐요? 저는 키다리 피에로만 하는 중이라 잘 모르겠어요. 어떻게 돌아가는지."

"다른 팀으로 독립한 친구도 하나 있어. 걔는 지금 MC로 진출하려고 학원 다닌다더라. 그럼 체육대회, 결혼식, 공연 MC로 나갈 수도 있대."

형을 만난 덕에 단체 채팅방에서 접할 수 없는 정보들을 많이 얻었다.

집에 가니까 9시. 눈꺼풀이 천만근이라 바로 자고 싶지만 분장 도구도 정리하고 오늘 입었던 의상도 빨아야 한다. 의상은 회사에서 구매하지만 내가 가지고 다니면서 직접 빨고 관리한다. 분장 도구는 개인 소유다. 분장할 때 쓰는 아이라이너나 스펀지 퍼프, 화장품 담는 가방 같은 건 전부 내 돈을 주고 사야 한다.

솔직히 가끔은 계약서 같은 것도 안 쓰고 하는 우리 일이 불안하게 느껴지기도 한다. 다치지는 않는지, 4대 보험은 되는지, 갑자기 잘리는 건 아닌지 걱정하는 친구들도 많다. 하지만 그 친구들에게 내가 늘 하는 말이 있다. '세상 어떤 일도 완벽하게 좋은 일은 없다.' 적당히 포기하고 맞춰 가며 살아가야 하는 게 세상 아닌가? 내 실력이 올라가고 경력이 쌓이면 나도 일당 10만 원을 받게 될 거고, 내 팀을 꾸려 독립하는 날도 올 거다. 우리 팀장 형이나 태호 형처럼. 학교를 졸업하고도 키다리 피에로 알바를 쭉 하고 싶다.

해제
열정팔이 노동

키다리 피에로 알바는 청소년 사이에서는 꽤 괜찮은 알바로 통한다. 상대적으로 시급이 높고, 놀면서 하는 일처럼 보이며, 청소년이라는 이유로 쉽게 무시당하지 않을 것 같다는 예상 때문이다. 민관이도 그런 이유로 이 일을 시작하게 됐다.

민관이는 처음 만났을 때 이제 막 일을 시작한 초보 피에로였다. 일을 시작한 지 한 달 정도밖에 안 되어서인지 자기 일에 대한 애정이 많았다. 두 번째 만났을 때는 일하는 팀을 옮겨 팀장이 되었고 경력이 거의 1년이 되어 간다고 했다. 행사 한 건당 받는 임금이 8만 5천 원으로 올랐다는 얘기도 자랑 삼아 들려줬다. 뭔가 어려운 점은 없는지, 어떤 문제나 불편함은 없는지 물었지만, 그는 내내 긍정의 아이콘처럼 '그래도 나는 이 일이 좋다'는 메시지를 보내왔다. 정말 피에로 알바는 청소년들에게 고임금을 주는 괜찮은 노동인 걸까? 다른 악조건들이 숨어 있는 것은 아닐까?

키다리 피에로 알바는 '이벤트 산업 분야'에 속하는 일자리이다. 우리나라에서 이벤트라는 용어가 본격적으로 사용되기 시작한 것은 서울 아시안게임이 열리던 1986년부터다. 이후 1988년 서울 올림픽, 1993년 대전 엑스포를 거치며 폭풍 성장한 이벤트 산업은 2002년 한일 월드컵 때 정점에 이르렀다.

이벤트 산업 분야는 판매 촉진 행사, 컨벤션, 전시, 축제, 공연, 스포츠 행사 등으로 세분되어 있지만, 우리가 주목한 이벤트 산업 노동은 주로 소규모의 판매 촉진 행사와 관련된 것이다. 특히 이벤트 대행업체들에 한정되어 있다. 이벤트 대행업체에서는 풍선 아치나 영상, 음악, 조명 장비 같이 이벤트에 필요한 각종 장비들을 대여해 주고 키다리 피에로, 사인 스피닝, 석고 마임, 내레이터 모델, MC 등의 행사 인력을 파견한다. 광고 홍보업계에서는 행사에 동원되는 장비와 인력을 통틀어 '이벤트 툴tool'이라 칭하기도 한다. 사람의 능력을 가늠할 때 쓰는 '스펙spec'이라는 단어도 원래는 기계의 사양을 뜻하는 말이었으니 저 행사 인력들이 도구로 불리는 것쯤이야 아무렇지도 않은 사회가 된 것이다.

이벤트 산업의 하부구조를 맡는 이벤트 대행업체 가운데에는 영세한 소규모 사업장이 많다. 이 같은 이벤트 산업 하부구조의 영세성은 필연적으로 노동자들의 열악한 노동 조건으로 이어진다. 사용주들은 노동자들에게 대가 없는 무급 교육 기간을 견디도록 하고, 마땅히 사용주가 부담하여야 할 작업 도구의 구매 비용까지 떠넘긴다. 다른 아르바이트에 비해 상대적으로 높은 시급을 제공한다는 구실로 높은 노동 강도, 파견노동에 따라 불가피하게 소요되는 교통비, 행사의 취소라는 위험 부담까지도 노동자가 감당하게 한다. 노동법상 당연히 노동 시간에 포함되어야 하는 준비 시간과 정리 시간도 무급이다. 행사 중 다칠 수 있는 위험 요소들이 많지만 안 다치게 조심하라는 경고 외에는 어떠한 안전장치도, 안전 교육도 없고, 산재도 보장되지 않는다.

근본적으로는 당장 내일 일이 있을지 없을지도 알 수가 없을 만큼 불안정하다. 2012년 한국관광공사에서 발표한 〈이벤트 산업 활성화 방안 연구〉 보고서에 따르면, 조사에 응답한 27개사의 총 종사자 수 3,048명 가운데 정규직은 약 16%(488명)에 불과하고 비정규직은 4%(123명), 단기 계약직이 80%(2,435명)에 달한다. 불안정 고용이 이벤트 산업 하부구조의 일반적인 특성이 된 것이다. 이런 사실은 일을 시작하기 전에는 알 수 없다.

이런 노동 조건을 감내하게 만드는 것은 열정에 대한 펌프질이다. 이벤트 산업뿐 아니라 연예 산업, 공연예술, 게임 산업 등 산업 전반으로 점차 확산되고 있는 '열정팔이' 노동은 '네 능력을 개발하고 더 성실히 일하면 성공하리라'라는 주문과, 노동을 통해 (돈이 아니라) 경험을 주겠다는 미명 아래 싼값으로 (혹은 아무 대가 없이) 노동력을 착취한다. '열정팔이' 노동에 종사하고 있는 사람들은 하고 싶은 일을 하면서 돈도 번다는 인식 때문에 다른 사람들의 부러움을 한 몸에 받기도 하는데, 때문에 대부분 부당한 대우를 대수롭지 않게 넘기고 이 일을 끝까지 하기 위해 다른 겹벌이 노동을 기꺼이 선택하기도 한다. 민관이 역시 '너희가 원하는 일을 하니까 참아'라는 '열정 노동'의 논리를 내면화하고 노동자로서 자신의 권리를 찾기보다는 경영자처럼 말하고 생각하며 스스로를 채찍질했다.

　공신력(?) 있는 행사를 담당하는 대규모 업체들은 '무책임한' 청소년 노동자들을 채용해서 곤란에 처하는 일을 꺼리는 상황이고 아직 이벤트 산업 전체에 대한 면밀한 조사가 진행되지 않고 있어서 청소년들이 이 분야의 노동에 본격적으로 투입되고 있다고 말하기는 어렵다. 하지만 청소년이든 아니든 '책임감 있게' 잘 해내기만 한다면, 또 실력을 쌓고 꾸준히 노력한다면 살아남을 수 있을 것처럼 보이는 곳이 이벤트 분야이기 때문에 탈학교 청소년을 중심으로 한 청소년 노동자의 유입은 점차 늘어나고 있는 것으로 보인다.

　이벤트 대행업체가 열악하고 영세해서든, 아니면 다단계 하도급 구조에서 결국 열악하고 영세한 업체가 사람을 구할 수밖에 없기 때문이든, 왜 항상 청소년들을 맞아 주는 곳은 이렇게 취약한 고리인가 고민스러울 뿐이다.

목숨 걸고
달린다

...

배달 대행 노동자 원석이의 하루

1.

빠앙-

"야, 이 개새끼야! 죽을래?!"

차 경적 소리에 뒤섞인 욕이 내 귓전을 때린다. 신호가 빨간색으로 바뀌는 찰나 교차로를 아슬아슬하게 건너다가 차에 치일 뻔했다. 교차로를 건널 때면 흔히 겪는 일이지만, 오늘은 살짝 오싹하다. 엊그제 옆 동네에서 오토바이 배달 일을 하던 어떤 애도 바로 여기서 교통사고로 크게 다쳤다고 했다. 빨간 신호등일 때 그냥 쌩 하고 지나다 옆에서 달려오던 트럭에 치였다고. 나도 방금 같은 상황이었다. 사고는 면했지만 배달할 게 아직 2개나 남아서 그런지 조바심이 난다. 얼마 못 가 또 신호에 걸렸다. 마음은 급한데 신호등은 왜 이리 많고 빨간 신호는 또 왜 이렇게 긴가. 때마침 전화가 온다. 사무실이다. 받기 싫다. 무슨 말을 할지 뻔한데…….

"여보세요."

"야, 어디냐?"

"○○아파트로 피자 갖고 가고 있는데요."

"그러니까 어디냐고."

"○○중학교 앞이요."

"족발 왜 아직도 안 갔냐고 족발집에서 전화 왔어. 빨리 좀 갖다 줘!"

조마조마해하고 있는데 사무실이나 음식점에서 독촉 전화까지 오면 압박감이 더 심해진다. 그때는 정말 목숨을 걸어야 한다. 교차로 위로 아직 빨간 신호등이 보였지만, 곁눈질해 보니 갈 만했다. 급한 마음에 그냥 내달린다. '반품'되면 내가 음식 값을 물어야 하기 때문이다.

2.

배달 대행업체에서 일을 한 지 벌써 1년 정도 됐다. 우리는 가게에서 월급 받고 배달 일을 하는 애들하고 좀 다르다. 걔네들은 홀에 있다가 배달할 거 생기면 갖다 주고 다시 가게로 돌아오면 되는데, 우리는 사무실(배달 대행업체)에 일단 출근했다가 배달하러 한번 나가면 계속 밖에 있으면서 피자든 치킨이든 여러 음식점 배달 콜을 받아 음식을 배달해 주고 배달 건수에 따라 돈을 번다.

처음 배달 대행업체에서 일을 시작할 때는 오토바이 타고 배달만 하면 된다고 해서 좋아했다. 가게 배달 알바는 배달만 하는 게 아니라 홀·주방 일까지 다 해야 하고, 홀에서 서빙을 하다 보면 손님들의 반말, 무시에 온갖 짜증까지 다 받아 줘야 하는데 여기서는 오토바이만 타고 다니면 된다 하니, 이런 꿀알바가 어디 있나 싶었다. 하지만 하루 만에 그런 내 생각이 착각이었다는 걸 알았다. 일하는 첫날 사장님이 물었다.

"너 일 시작하려면 돈이 좀 필요한데, 한 3만 원 정도 있냐?"

돈이 없어서 알바를 하는 건데 그렇게 큰돈이 나에게 있을 리가 없었다. 난 혹시 직업 소개 사기가 아닌가 의심을 했다.

"예? 없는데요."

"음, 그럼 내가 일단 빌려줄 테니까 오늘 일 끝나고 갚아. 사무실로 배달 콜이 들어오면 네가 그 가게로 가서 배달할 음식을 네 돈 주고 사는 거야. 배달 수수료는 건당 2천 원씩 하기로 했거든. 2만 원짜리 피자면 네가 만 8천 원에 사는 거야. 그걸 손님한테 갖다 주고 네가 2만 원을 받는 거야. 더 받으면 안 되고 주문한 가격이 2만 원이니까 2만 원을 받아야 돼. 그리고 네가 2천 원을 갖는 거야. 무슨 말인지 알겠지?"

"아…… 예……."

"그리고 여기는 원래 자기가 오토바이를 갖고 와서 일을 하는 데거든. 근데 너 오토바이 없잖아. 그래서 오토바이를 사무실에서 너한테 빌려줄 거야. 대신 오토바이 사용료를 매일 사무실에 내야 돼. 오토바이 사용료 5천 원, 보험료 천 원, 합쳐서 6천 원이야. 우리도 다른 데서 빌린 거라 리스비를 줘야 하거든. 그 돈만 내면 오토바이는 근무 시간 끝나고도 네 마음대로 탈 수 있어."

그러니까 일을 하려면 하루 6천 원을 사무실에 내야 한다는 말이었다. 사장님은 "배달한 건수만큼 돈은 다 네가 가지고 가는 거니까 열심히 일해"라고 했다. 그때까지만 해도 '그런가 보다' 했다.

그런데 결정적으로 '반품'이라는 것이 있었다. 저녁 시간대처럼 바쁠 때는 음식점을 여러 곳 들러야 한다. 어떤 때는 대여섯 건을 동시에 배달하기도 한다. 간혹 여러 곳을 들르다가 음식을 늦게 갖다 주면, 주문한 음식이 식거나 불었다며 손님이 안 먹겠다고 거절하는 경우가 있다. 그런 음식은 내가 처리해야 한다. 내 돈을 내고 이미 샀기 때문에 음식점에 다시 갖다 줘도 안 받아 준다. 결국 내가 먹든지, 버리든지 해야 하는 거다.

이런 식으로 2만 원짜리 피자를 배달하다가 '반품'당하면 2천 원 벌려다 만 8천 원 날린 꼴이 된다. 음식 양이 1인분 정도만 되면 놀이터 같은 데서 저녁 대신 금방 먹어치울 텐데, 우리가 배달하는 음식은 2천 원씩 수수료가 붙기 때문에 단가가 높고, 여러 명이 먹어야 할 만큼 양이 많다. 그래서 먹더라도 남게 돼 결국 버려야 한다. 만약 만 8천 원을 날리면 아홉 건을 다시 배달해야 적자를 만회하니까, 손해도 이런 손해가 없다. 그래서 나처럼 배달 대행 알바들은 훨씬 더 시간에 쫓긴다. 오토바이 뒤에 배달할 음식이 몇 개씩 들어 있으면 '반품'당할까 두려워서 항상 조마조마하고, 차가 막히든 빨간 신호등이든 건너편 차선이든 오토바이가 갈 수 있는 길만 보이면 그냥 내달린다.

위험? 잘 알고 있다. 하지만 그렇게 하지 않으면 손님, 음식점 주인, 사무실 사장한테서 욕을 먹어야 하고, 무엇보다 먹고살 수가 없다. 내가 여기서 처음 일할 때는 길도 모르는 상태에서 신호 지켜 가며 일했다가 하루 종일 겨우 6천 원 번 날도 있었다. 그 다음 날 진짜 굶었다.

3.

○○치킨은 먼저 콜이 들어온 다른 음식점들을 들르느라 좀 늦게 도착했다. 치킨집 사장은 치킨이 한참 전에 나왔는데 왜 이렇게 늦었냐며 빨리 갖다 주라고 재촉했다. 먼저 배달할 음식이 3개나 있고 ○○치킨은 코스의 맨 마지막인데 저러면 부

담스럽다. 성질 더러운 사장이라 무시할 수도 없고. 이 치킨집은, 그 전까지 배달 알바를 따로 두었던 곳인데 얼마 전에 월 회비 15만 원을 내고 우리 사무실에 배달 일을 맡겼다. 막상 맡기고 나니 알바를 직접 쓸 때보다 돈은 적게 들지만 바로바로 배달 일을 시키지 못해 답답했던지 사장은 한동안 나한테 빨리 오라고 짜증도 내고 사무실 사장한테 항의도 많이 했다. 덕분에 나도 사무실 사장한테 깨나 욕을 먹었다. 이제 적응을 좀 했나 싶었는데, 아니었나 보다. 치킨집 사장의 재촉에 나는 또 속도를 냈다.

  다른 음식들을 먼저 갖다 주고 부랴부랴 치킨을 시킨 곳에 도착했다. 건물 1층에 있는 가게였다. "치킨 왔습니다" 하면서 문을 여니까 아저씨 몇 명이서 고스톱을 치고 있다. 한 아저씨가 나를 보더니 소리부터 질렀다.

  "야! 주문을 언제 했는데, 이제 갖고 와?"

  "죄송합니다. 길이 좀 막혀서요."

  "늦게 갖다 줄 거면 주문을 받지 말던지, 어? 그럼 딴 데 시켰을 것 아냐!"

  뭐라 하는 소리가 계속 들렸지만 나는 연신 "죄송합니다"만 외면서 치킨 세트랑 맥주를 빠르게 내려놨다. 옆에 있던 다른 아저씨가 "돈 잃었다고 엄한 놈한테 화를 막 내" 하면서 킥킥거렸다. 그리고 자기 앞에 있던 돈으로 치킨 값을 줬다. 반품은 안 당해서 2천 원을 벌긴 했지만 반말 섞인 짜증까지 들으면 기분이 썩

좋지 않다. 나는 빨리 갖다 주려고 목숨 걸고 달렸는데, 내가 뭐지 화풀이 대상인가. 지금은 막말 정도이지만 어쩔 때는 쌍욕을 하는 어른들도 있다. 그럴 때는 피가 거꾸로 솟기도 하는데, 참아야지 별 수 없다. 괜히 대들었다가는 음식점 주인이랑 사무실 사장님한테서 진탕 욕을 먹는다. 배달하는 사람이 나이 많은 어른이라도 나한테 했던 것처럼 막말을 할까?

일할 때 어리다고 막 대하면 정말 짜증 난다. 사무실에서는 막내라고 청소 같은 것도 거의 나한테 시키고, 배달 가면 손님들이 반말에 욕 섞어서 말하고, 인사하면서 물건을 주는데 인사도 안 받고 문을 쾅 닫아 버리고. 나도 사람인데. 나이 어리다고 무시하지 말고 그냥 배달 왔을 때 '맛있게 먹을게요' 딱 한마디만 해 주면 좋을 것 같은데······.

4.

새벽 1시. 일이 끝나면 나 같은 배달 대행 알바들이 근처 해장국 집으로 하나둘 모인다. 늦어도 한참 늦은 저녁을 먹는 것이다. 며칠 전 배달 대행 알바를 시작한 녀석은 주문을 하기도 전에 대뜸 저녁을 안 먹겠다고 한다.

"왜 안 먹어?"

"아까 반품당한 피자 많이 먹어서 배부르다."

"같이 먹게 날 부르지 그랬냐. 처음엔 다 그래. 그러면서 크는 거다."

"꺼져, 새꺄."

"밥도 안 먹을 거면 집에 가서 잠이나 자지 여긴 뭐하러 왔냐?"

"나 오늘 '맛있게 드세요'랑 '죄송합니다' 말고 다른 말 한마디도 못 했거든! 내 걱정 말고 밥이나 처드세요."

콜 받고 음식점 가고 배달하고 다시 음식점 가고…… 배달 대행이 하루 종일 밖에서 혼자 하는 일이다 보니 아무래도 사람이 그립다. 이렇게 일 끝나고 친구들끼리 서로 얘기하는 게 어쩌면 유일한 낙이다.

밥 먹고 나면 공원에서 담배라도 피며 그날 만난 진상 손님도 같이 씹고, 위험했던 순간도 얘기한다. 성민이가 엊그제 사고당한 친구 얘기를 꺼냈다. 산재인가 뭐도 못 받았다고 한다.

"그 사장 새끼가 병원비는 고사하고 '누가 신호위반 하라고 시켰냐, 네가 오토바이 몰다가 사고 낸 걸 내가 왜 책임지냐' 하면서 화냈다더라."

그 얘길 들으니 우울해졌다. 궁금한 게 많았지만 더 듣지는 못하고 헤어졌다. 아침에 일어나서 학교에 가야 하는 애들도 있고 나도 낮 12시부터 일을 해야 하니까 더 늦기 전에 집에 가야 한다(학교 다니는 친구들은 보통 저녁 5~6시에 출근한다).

이 친구들이 언제까지 이 일을 할지는 모른다. 나처럼 오토바이 타면서 돈도 벌 수 있겠다고 생각해서 시작한 친구들이 많지만, 오래 하는 친구들은 많지 않다. 우리 사무실에도 처음엔 나같은 십 대가 많았는데 지금까지 남아 있는 사람은 나밖에 없다. 대부분 들어왔다가 몇 개월 못 하고 그만둔다. 오토바이 타고 배달만 계속하면 되니까 온갖 잡일을 안 해도 되지만, 배달 밀릴 때 생기는 조바심 때문에 멘탈이 남아나질 않는다. 곡예처럼 달리면 스릴 있을 것 같다고? 스릴도 한두 번이지.

   그럼에도 내가 계속 이 일을 하는 이유는, 익숙해진 것도 있지만(지금은 주소나 신호체계 같은 걸 다 익혀서 주문을 받으면 코스랑 시간이랑 머릿속에 확 들어온다), 돈 때문이다. 많이 벌어서가 아니다. 그날 일하면 바로 그날 돈을 받을 수 있기 때문이다. 지금 하루에 배달하는 건수는 40~50건 정도 되는 것 같다. 하루 9만 원 정도가 나한테 떨어지면, 이걸로 사무실에 오토바이 리스비와 보험료 6천 원 내고, 오토바이 기름 값으로 만 원 정도 쓰고, 점심, 저녁도 사 먹는다. 대략 하루 3만 원 정도가 기본으로 들고, 6만 원 정도가 남는다.

   낮 12시부터 밤 1시까지 하루 12~13시간씩 일하는 걸 생각하면 많이 버는 건 아니지만 우리 나이에 구할 수 있는 일자리가 많은 것도 아니고, 나같이 당장 생활비가 필요한 사람한테는 이만한 일이 없다. 매일매일 돈을 벌어야 하는 나는 오늘도 이 일을 한다.

> 해제
> **따뜻하지만 위험한 배달 음식**

　지난 2010년, 오토바이 배달 청소년 노동자가 배달 중에 교통사고로 잇달아 목숨을 잃는 사건이 발생하면서 사회적으로 이슈가 됐다. 당시 논란이 일자 대형 외식업체들은 위험한 노동의 한 배경이 되었던 '30분 배달제'를 폐기하기도 했다. '30분 배달제'는 당시 몇몇 대형 피자업체에서 시행하던 것으로 피자 배달이 30분보다 지연되면 값을 할인해 주거나 아예 받지 않았던 정책이다. 30분 배달제가 없어질 때만 해도 신속한 배달과 안전을 맞바꿨던 업계 관행이 일정 정도 개선될 수 있을 것이라는 조심스러운 기대가 있었다. 하지만 지금 '배달 대행'이라는 또 다른 형태로 더 위험해진 배달이 확산되고 있다.

　최근 확산되고 있는 배달 대행업체가 생겨난 것은 그리 오래되지 않았다. 음식점 – 배달 대행업체 – 배달 청소년 노동자 간의 관계를 살펴보면, 음식점에서 배달 노동자를 따로 채용하지 않고 배달 업무를 배달 대행업체에 외주화하고, 배달 대행업체는 배달 업무를 자영업자와 유사한 겉모습으로 배달 청소년 노동자들에게 맡기고 있는 것이다.

　구조상 배달 대행업체는 더 많은 수입을 위해 가급적 많은 음식점과 제휴 맺기를 원한다. 대행하는 음식점이 많아질수록 청소년 노동자들은 여러 음식점의 음식을 배달하게 되는데, 그렇게 되면 청소년 노동자가 거치는 곳도 많아지고, 배달 지역도 더 넓어지고, 거리도 더 길어진다. 반면 배달 대행을 맡긴 음식점에서는 배달 노동자를 직접 고용했을 때와 비슷한 시간 안에 배달이 이루어지길 원한다. 즉 종전과 동일한 배달 서비스가 유지되기 위해서는, 청소년 노동자가 '더 먼 거리'를 '더 빠르게' 이동해야 한다. 거리가 늘어났는데 더 빠르게 이동해야 하니 더 위험해질 수밖에 없다.

이렇게 '더 위험한' 업무를 청소년 노동자들이 그대로 따를 수밖에 없는 것은, 배달이 늦어져 음식 주문이 취소됐을 때 이로 인한 책임을 청소년 노동자가 고스란히 떠안기 때문이다. 단 한 번의 주문 취소로 일당의 상당 부분이 사라지기 때문에, 배달 시간에 대한 압박은 스스로가 오롯이 감내해야 하는 스트레스가 되고, '더 위험한' 배달을 무리하면서까지 하게끔 만든다. 특히 비나 눈이 오는 날은, 오토바이를 운전하기에 훨씬 더 위험한 상황이지만 배달 주문은 더 늘어나, 그야말로 '목숨을 건 배달'을 하게 된다.

이렇게 사고의 위험은 훨씬 배가됐지만, 정작 사고가 나면 이를 책임져야 할 노동법상 사용자는 누구인지 모호하다. 음식점은 자기가 고용한 노동자가 아니라 하고, 배달 대행업체는 오토바이만 빌려 주고 주문 소개만 해 주었을 뿐이라고 하면서 사용자가 부담해야 할 위험 비용을 고스란히 청소년 노동자에게 전가하고 있는 것이다.

그런데 여기서 한 가지 주목해야 할 것은, 그 전에 없었던 배달 대행업체 업주가 새로이 중간 수익을 얻고 있다는 점이다. 또한 음식점 업주도 배달 노동자를 직접 고용하는 대신 대행업체에 일을 맡기면서 인건비 절감이라는 추가 수익을 얻고 있다. 반면 청소년 노동자들의 수입은 더 늘어난 것이 없다. 정리해 보면 더 위험해진 배달 노동으로 발생한 수익, 즉 위험이 이전보다 높아지면서 발생한 수익을 배달 대행업체와 음식점이 나눠 갖는 것이라고 할 수 있다. 청소년들이 목숨을 걸 정도로 노동 강도가 높아졌고, 사고 위험이 크게 높아졌지만, 이로 인한 대가는 다른 이들의 호주머니로 들어가는 것이다.

상황이 이러하지만, 고용노동부는 손을 놓고 있다. 과거 음식점에 고용된 배달 청소년 노동자들이 많이 겪는 문제는 (다른 청소년 노동자들이 겪는 여러 문제 외에) 배달이 늦을 때 벌금 물리기, 오토바이 고장 나면 수리비 물리기, 사고 났을 때 자비로 치료하기 등이었다. 이러한 문제가 있을 때 최소한 노동 행정 기관, 사법 기관이 사업주에게 책임을 물을 수 있었다. 그런데 지금의 배달 대행업체 사례는, 청소년 노동자가 특정 음식점에 소속되지 않고 본인이 대여료를 내고 오토바이를 빌려 본인이 기름값을 부담하고 여러 음식점의 음식을 본인이 직접 사서 배달해 주면서 그 건수에 따라 돈을 버는 외양을 갖고 있다. 이러한 겉모습은 현재 근로기준법상 노동자로 인정되지 않는 특수고용노동자[2]와 유사하다.

실제 인천의 한 배달 대행업체에서 일했던 청소년 노동자들이, 배달 대행업체 대표자가 근로기준법을 위반했다고 노동청에 진정[3]을 제기하자, 노동청은 "해당 업주와 오토바이 배달 청소년들이 고용주와 고용인의 종속 관계가 아니다"라며 사건을 종결시켰다. 배달 대행 청소년 노동자들이 근로기준법상 노동자가 아니라고 판단한 것이다. 배달 대행업체는 배달 콜만 소개시켜 줄 뿐, 청소년 노동자가 알아서 대여료를 내고 오토바이를 빌려서 음식물을 자기 돈으로 사서 갖다 주고 음식 값에서 배달 수수료를 챙기기 때문에 자영업자, 개인 사업자라는 것이다. 배달 청소년 노동자의 죽음이 사회적으로 이슈가 된 지 딱 1년 만의 일이었다.

노동청의 이런 판단이 유지된다면 배달 대행업체 청소년 노동자들은 근로기준법상 최소한의 법적 권리마저 갖지 못하게

---

2 학습지 교사, 퀵서비스 기사, 보험 설계사와 같은 노동자를 흔히 특수고용노동자라고 한다. 사실상 노동자처럼 특정 사업자에게 소속되어 일을 하고 있지만, 정부와 법원은 자영업자, 개인사업자로 보아 근로기준법상 노동자로 인정하지 않는 사람들이다(노동자가 아니라 사장이라는 것이다). 이로 인해 근로기준법도 적용할 수 없고 심지어 노동조합조차 만들 수 없다고 본다.
3 음식점 사장 등 사업주가 노동법을 어겼을 때 이를 시정하고 못 받은 임금이 있으면 지급받게 해 달라는 등의 법적, 행정적 조치를 고용노동부에 요청하거나 신고하는 것을 진정이라 한다.

된다. 더 위험해진 노동에 최저임금도 보장받지 못하고, 사고가 나도 본인이 책임져야 하고, 건강에 유해한 심야 노동에 대한 수당도 받을 수 없다. 특수고용노동이 사회적으로 문제가 되는 것은, 사실상 노동자를 근로기준법상 노동자로 인정하지 않음으로써 사업주가 응당 가져야 할 법적 책임을 회피하게 하고, 노동자는 노동조합조차 만들지 못한 채 저임금과 열악한 노동 조건을 감내하게 만들기 때문이다. 많은 청소년 노동자들이 일하고 있는 배달 대행 알바에도 이러한 특수고용노동의 굴레가 교묘하게 씌워지고 있다.

우리법 우리법

청소년 노동 현황

청소년 노동(알바)은 생계가 어려운 일부 청소년들의 일인가? '미래의 노동자'들이 경험을 쌓기 위한 통과의례인가? 청소년 노동을 대하는 질문들에 대한 답을 통계 수치로 확인해 보자.

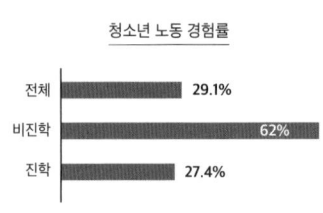

청소년 노동 경험률
- 전체 29.1%
- 비진학 62%
- 진학 27.4%

2012년 고용노동부가 발표한 〈2011년 청소년 아르바이트 실태 조사 보고서〉에 따르면 청소년의 노동 경험률은 29%이다. 학교 밖 청소년의 경우 그 비율이 더 높아 62%에 이른다. 우리 주변의 청소년 중 적어도 3명 가운데 1명, 학교 밖 청소년은 3명 가운데 2명이 임금을 받으며 일을 하고 있다는 말이다. 청소년 노동은 일부 청소년의 특수한 경험이 아니라 이미 폭넓게 확산되고 있는 청소년의 일반적인 경제 활동이 되어 가고 있다.

그렇다면 청소년들은 하루에 얼마나 일을 하고 있을까.

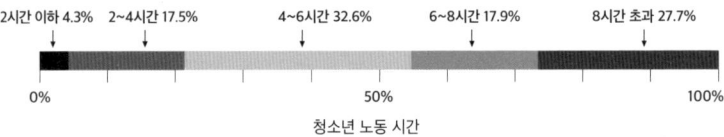

2시간 이하 4.3% 2~4시간 17.5% 4~6시간 32.6% 6~8시간 17.9% 8시간 초과 27.7%

청소년 노동 시간

위 보고서에 따르면 청소년들이 하루 6시간을 초과하여 일하는 비율은 전체의 절반에 가까운 45.6%로 나타났다. 8시간을 초과하는 경우도 30%에 가까운 비율이다. '알바'를 흔히 단시간 또는 임시의 노동으로 이해하고 있지만 실제로는 전일제 또는 그에 준하는 노동이 청소년 노동의 절반을 차지하고 있는 것이다. 청소년들의 노동은 '그저 1~2시간 경험 삼아 해 보는 일'이 아니라 그 자체로 온전한 노동으로 봐야 한다.

그러나 청소년 노동의 현실은 너무나도 열악하다. 새로운사회를여는연구원의 2013년 기획 연재 〈분노의 숫자 시즌2〉 '최저임금제도와 최저임금도 못 받는 노동자들' 편에 따르면 최저임금 미만의 임금을 받는 노동자는 약 208만 명이다. 누구도 최저임금보다 낮은 임금을 받아서는 안 됨에도 실제 법의 사각지대에 놓인 노동자가 매우 많다. 특히 십 대의 경우 절반이

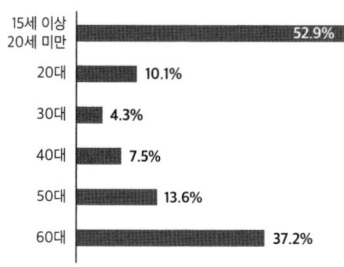

연령별 최저임금 미만 노동자

넘는 비율이 최저임금도 못 받고 일하고 있는 것으로 나타났다.

임금만 적은 것이 아니다. 청소년 노동은 '용돈 벌이' 경험으로 포장되어 청소년의 정당한 요구와 대응을 차단시키고, '보호'는커녕 불안정하고 위험한 노동에 노출되게 만들고 있다. 2013년 고용노동부가 새정치민주연합 남윤인순 의원에게 제출한 〈청소년 근로 감독 점검 대상 및 위반 업체 현황〉 자료를 보면 전체 감독 대상 업체 중 87%가 근로기준법을 위반한 것으로 나타났고, 2014년 7월 고용노동부와 여성가족부가 실시한 '청소년 근로 권익 보호를 위한 관계 기관 합동 점검'에서 4일 만에 185건의 위반 사례를 적발하기도 했다. 위반의 내용으로는 근로 조건 명시 위반(50.8%)이 가장 많았고, 근로자 명부 미작성(15.1%), 최저임금 지급 위반(6.5%), 연장·야간·휴일가산수당 미지급(3.2%), 성희롱 예방 교육 미실시(10.2%) 등이 주로 적발되었다.

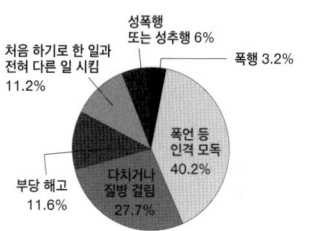

청소년 아르바이트생들이 겪은 부당한 경험

아르바이트를 하면서 불이익을 경험하는 청소년도 23.3%에 달했다(〈2011년 청소년 아르바이트 실태 조사 보고서〉). 청소년들이 경험하는 불이익은 폭언 등의 인격 모독이 가장 많았으며(40.2%), 다치거나 질병(27.7%), 부당 해고(11.6%) 순으로 나타났다. 그러나 부당한 경험을 겪은 대부분의 청소년들은 별다른 대응을 하지 못했다. 44.9%의 청소년이 참고 일했고 심지어 스스로 일을 그만두기까지 했다(39.3%). 교사나 기관의 도움을 받은 경우는 1%에 불과했다. 청소년 노동자가 기댈 언덕이 존재하지 않기 때문이다. 청소년 노동의 특성에 맞는 상담과 지원 체계가 절실하다.

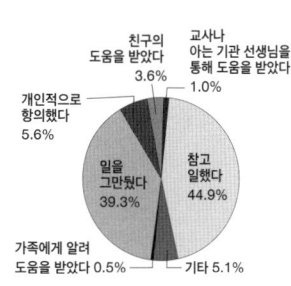

부당한 경험을 겪은 뒤 취한 행동

2부

**밑바닥을
맴돌다**

'지옥의 문'을 열다

...

노동법 좀 아는 건진이의 고군분투 알바기

깡마른 몸집과 새하얀 낯빛 탓인지 건진이의 첫인상은 얼핏 유약해 보였다. 그러나 열아홉 인생의 파노라마를 조곤조곤 풀어놓는 그의 이야기를 듣고 있노라면, '알바'로 지친 몸을 이끌고 인천과 서울을 종횡무진 오가며 인권활동을 펼치고 있는 모습을 보고 있노라면, 그 대범함에 감탄이 절로 나왔다. 건진이는 인권활동을 반대하는 아버지와 꽤 오랜 시간 갈등을 겪었는데, 부모는 쫓아다니고 자녀는 꼭꼭 숨을 구멍을 찾아다니는 여느 부모 자녀 사이의 숨바꼭질과는 갈등의 깊이가 달랐다. 더 이상 참을 수 없다 싶어진 순간에 건진이는 집을 나왔다. 하고픈 인권활동을 맘껏 하며 살 줄 알았던 그의 '탈출기'는 살아 내느라 고군분투했던 '알바 분투기'이기도 했다. 2년 가까이 이어진 그의 독립생활에서 노동은 생존의 필수 도구였고, 그러기에 그의 삶을 거대하게 짓누른 시간들이었다. 그에게는 인권활동을 하며 쌓았던 노동법에 대한 지식이 있었지만 혼자 힘으로 부당한 노동 조건에 맞서 권리를 되찾기란 쉽지 않았다.

열혈 청소년, 자유를 찾아 나오다

건진이의 아버지는 어릴 적부터 불의에 맞서는 사람, '세상을 밝히는 사람'이 되라는 이야기를 자주 하셨다. 하지만 중학생이 된 건진이가 막상 청소년인권이나 사회문제에 관심을 갖고 활동하기 시작하자 아버지와 갈등이 시작됐다.

아빠가 종교 사립학교의 교사인데 학교에서 엄청 싸우세요. 학교에 문제가 많거든요. 자기 스스로도 그러고 남들도 아빠를 운동가라고 말해요. 초등학교 때부터 아빠는 저한테 세상을 밝히는 사람이 되라면서 인문학 책도 많이 선물해 주셨어요. 그런데 아빠가 말했던 '좋은 사람'은 아빠랑 같은 곳을 바라보지만, '지잡대(지방의 잡스러운 대학)'가 아니라 적어도 교대 이상은 나온 사람이었던 거예요. 소위 명망가가 되어서 운동을 했으면 좋겠다는 생각이었는데 저는 그게 싫었어요. 저는 당장 청소년들이 학교에서 겪는 답답한 지점들에 대해서 이야기하고 싶었거든요. 대학 가고 좋은 직장 얻고 나면 삼사십 대가 될 텐데 그때까지 기다리라고 말하는 건 사실 하지 말라는 이야기랑 같은 거예요. 그래서 나는 지금 하고 싶다고, 하겠다고 이야기하면서 4년간을 집에서 싸웠어요.

아버지는 유서를 써 놓고 나갈 정도로 건진이를 압박했다. 아버지와 건진이의 오랜 다툼은 가족들 모두를 지치게 만들었다. 건진이는 힘들어하는 가족들을 보며 '내가 포기해야 하나' 고민하기도 했다. 그러나 건진이는 포기하지 않았다. 그러다 이런 식으로는 도저히 못 살겠다 싶은 상황이 찾아왔다. 그때부터 건진이는 '독립'을 준비하기 시작했다.

'내가 여기서 사는 건 가족 모두에게 도움이 안 될 것 같다. 집을 나가야겠다' 이런 결심을 했지만 진짜 막막하더라고요. 제가 지금까지 가출을 스무 번 정도 했어요. 짧으면 2시간에서 길면 3일 정도. 근데 번번이 실패를 했죠. 돈도 없고, 갈 데가 없으니까. 그러니까 이번에는 오래 버틸 수 있는 방법을 찾아야겠다 싶어서 먼저 집을 나온 사람들한테 조언을 구했어요. 그랬더니 다들 돈을 모으라는 거예요. 어디 방을 한 달 잡으려면 20~30만 원은 든대요. 그래서 돈을 모으기 시작했어요. 한 달 정도는 살 수 있어야 하니까 최소 50만 원은 모으자 했죠.

'그날'은 느닷없이 찾아왔다. 학원을 빼먹고 집회에 간 걸 아버지에게 들키고 만 것이다. 아버지는 아무 말도 없이 건진이를 때리기 시작했다. 이러다 큰일 나겠다 싶었는지 어머니가 어서 나가라고 소리쳤다. 그 길로 집을 나왔다. 고등학교 2학년 여름이었다. 수중에는 단돈 7만 원밖에 없었다. 계획했지만 계획되지 않은 가출이었다.

집을 나와서 1년 정도 버텼죠. 제가 집을 나오기 전에는 몸무게가 59킬로그램이었는데 1년 뒤에 재 보니까 49킬로였어요. 1년 동안 10킬로나 빠진 거죠. 정말 고생이 심했어요. 그래서 아빠랑 어느 정도 타협을 하고 집에 들어가 살려고 그랬죠. 아빠가 원하는 건 제가 대학 가는 거였거든요. 그래서 아빠가 원하는 거 할 테니 대신 내가 하고 싶은 것도 하게 해 달라고 얘기를 했어요. 그랬더니 아빠가 공부 안 해도 되니까 일단 들어오라고 그러시는 거예요. 그래서 '어, 괜찮네?' 하고 다시 집에 들어갔죠. 그런데 아빠가 갑자기 공부만 하라는 거예요. 제가 사진 찍는 걸 되게 좋아해서 DSLR 카메라를 들고 다녔는데, 한 번만 더 사진 찍다 걸리면 카메라를 부숴 버리겠대요. 낌새가 안 좋아서 카메라를 독서실에 숨겨 놨는데, 아빠가 독서실에 와서 카메라를 부숴 놓았어요. 그걸 보고 갑작스럽게 또 집을 나오게 됐어요.

집회나 행사 현장을 카메라로 기록하고 친구들의 모습을 찍어 주는 것을 좋아했던 건진이는 아끼던 카메라가 산산이 부서져 있는 것을 보고 깊은 배신감과 분노를 느꼈다. 아버지는 약속을 지키지 않았다. 그 일로 두 사람 사이는 돌이킬 수 없을 정도로 틀어졌다. 아무튼 건진이는 1년 만에 들어간 집에서 한 달 만에 다시 나와야 했고, 두 번째 가출 이후 아버지가 보여 준 태도는 건진이의 마음을 더욱 돌아서게 만들었다.

아빠가 한 번만 더 들어오면 죽여 버리겠다고 했어요. 아빠는 옛날부터 자기가 대장이에요. 집도 자기 거고, 그러니까 여기에서 살고 있는 사람들은 자기 은혜를 입고 살아가는 사람들이라고 생각을 하는 것 같아요. 근데, 잘 모르겠어요. 제 돈 주고 산 것까지 마음대로 부숴도 되는 건지. 사실 제가 집을 나가고 싶어서 나간 게 아니잖아요. 그런데 집을 나가고 나서 한 3~4주 뒤에 아빠한테 문자가 왔어요. 네가 선택해서 집을 나갔으니까 지금까지 내가 너한테 쓴 돈 다 갚으라고. 아빠가 원해서 들었던 인터넷 강의료, 책값, 참고서값까지 저한테 다 청구한 거예요. 자기가 부순 70만 원짜리 카메라에 대해서는 아무 말도 안 하고.

아버지의 빚 청구 문자는 두 사람의 관계를 고작 채무관계로 만들어 버렸다. '아버지의 집에서 아버지의 은혜를 입고 빚지고 살았던 사람'으로 취급된 것이 얼마나 언짢았던지 건진이의 목소리가 고조됐다.

법 밖의 일터, '지옥의 문'을 열다

그렇게 집에서 나와 있는 기간 동안 건진이는 먹고살기 위해서 다양한 알바를 경험했다. 아는 사람 집에서 당분간 얹혀살게 되어 그나마 다행이었지만, 방을 구할 돈과 당장 먹고살 돈이 시급했다. 이것저것 따질 여유가 없었다. 닥치는 대로 일자리를 구했다.

당장 알바부터 구해야겠다 싶어서 알바 사이트에 들어갔어요. 고깃집이었는데, 다른 건 다 '협의'라고 돼 있고 일하는 시간만 적혀 있었어요. 전화를 해 봤죠. 면접 보러 올 수 있냐고 해서 갔더니 의자에 쓱 앉히는 거예요. 이름이 뭐냐기에 말하니까 받아 적고. 집을 묻기에 여기 앞이라고 하니까 "학교 안 다녀? 그러면 오래 할 수 있겠네? 너 돈 많이 필요하지? 그러면 하루에 12시간 일하자" 이러는 거예요. 제가 뭐라고 그래요. 거기서 '싫어요' 하면 잘리는데. 그래서 "아, 좋아요" 그러고 시작했는데 거기서 주 6일을 일해달라고 그러더라고요. 제가 주말엔 일이 생길 수 있으니까 주 5일만 하겠다 했더니, 일 있으면 언제든 빼 줄 테니까 주 6일로 하자고 하는 거예요. 당연히 돈을 더 버는 건 좋으니까 좋다고 이야기 하고 들어갔어요. 시급은 5천 원이었나 그랬을 거예요.

건진이는 면접을 보는 순간부터 일자리를 얻으려면 어떠한 거부권도 행사할 수 없는 '을'의 신세임을 절감했다. 그렇게 구한 일자리는 '법을 안 지키는 게 당연한 것처럼' 돌아갔다.

답답한 게 되게 많았어요. 사실 홀 서빙을 맡기로 하고 들어간 거였는데 나중에 보니까 홀 청소, 설거지, 요리, 카운터 다 제가 하는 거예요. 또 일을 했으면 돈을 제대로 줘야 되는데, 법적으로 정해져 있는 주휴수당이라거나 월차라거나, 그런 것도 전혀 없었고 그냥 주는 대로 받아 가야 했어요. 쉬는 시간도 거의 없었어요. 음식점 특성상 손님이 몰리는 시간이 있고 없는 시간이 있잖아요. 손님이 없는 시간엔 보통 준비를 하고 청소를 하는데, 하다 보면 시간이 남을 수도 있고 손님들 테이블에 앉아서 쉴 수도 있잖아요. 그런데 앉아서 쉬고 있으면 왜 쉬냐고 혼내요. 법으로 정해진 휴게 시간도 안 주면서.

근로기준법은 일주일에 15시간 이상 일하는 모든 노동자에게 일주일에 평균 1회 이상의 유급 휴일(급여가 지급되는 휴일)을 주도록 규정하고 있다. 이를 주휴수당이라 부른다. 건진이도 하루

12시간씩, 일주일에 6일씩 일을 했으니 당연히 주휴수당을 받을 자격이 있었다. 시급이 5천 원으로 책정되어 있었으니, 건진이는 매주 6만 원(5천 원×12시간)의 주휴수당을 받아야 했다. 그러나 건진이도 동료들도 주휴수당은커녕 월차도 보장받지 못한 채 일을 했다. 근로기준법에 보장돼 있는 휴게 시간도 제대로 주어지지 않았다. 손님이 몰리는 시간에는 더더욱 정신없이 일했다.

맛집으로 소문난 곳이어서 하루 매출이 500만 원이 넘는 데였거든요. 정신없이 주문이 들어오면 접시를 여기다 놓을 수도 있고 저기다 놓을 수도 있잖아요. 그런데 잘못 놔두면 그만큼 월급에서 까는 거예요. 또 뭐라도 잘못하면 막 욕을 해요. 손님들 앞에서. 그리고 같이 일하는 남자 어른들이 성적인 농담을 너무 많이 하는 거예요. 되게 거슬리잖아요. 한번은 너무 짜증 나서 "하지 마세요" 이런 적이 있어요. 그때 제가 버섯을 다듬고 있었는데, 고기 써는 사람이 칼을 이렇게 꽝 찍으면서 저를 슥 쳐다보는 거예요. 정말 '이 사람이 날 죽일 것 같다'는 느낌을 받았어요.

건진이는 손님들이 다 지켜보는 앞에서 일하는 사람에게 욕을 한다는 게 도무지 이해가 되지 않았다. 벌금으로 떼이는 돈도 아까웠지만, 여러 사람 앞에서 욕을 먹는 일은 참기 힘들었다. 함께 일하는 남자 직원들의 위협은 늘 가까이에 있었다. 하루의 절반을 이렇게 일하다 보니 몸도 마음도 녹초가 되어 퇴근하곤 했다. 나머지 시간엔 피곤에 절어 잠만 자는 나날이 되풀이되었다. 인권활동을 하고 싶어 집을 나왔지만, 건진이에게는 정작 다른 일을 할 시간이 없었다. 알바를 하려고 집을 나온 건가 싶어질 정도로 저임금의 강도 높은 노동이 어느새 삶을 잠식해 버렸다.

제가 하고 싶은 걸 하기 위해서 따뜻한 부모님 집을 포기하고 나온 거잖아요. 그런데 정작 집을 나오니까 먹고살기 위해서 하루 12시간씩 일해야 되는 거예요. 나머지 시간엔 피곤해서 자 버리게 되고요. 그러다 보니까 제가 하고 싶은 게 뭔지도 흐리멍텅해지고, 사는 게 재미없어졌어요. 제가 알바하려고 사는 건지, 살기 위해 알바를 하는 건지 모르겠는 거죠. '아, 이게 사는 건가?' 그런 생각을 했었어요.

아무런 경제적 기반도, 경력도, 의지처가 될 만한 배경도 없던 건진이가 경험한 노동 현장은 밑바닥 수준이었다. 건진이는 노동법에 관한 지식을 갖고 있어 뭐가 문제인지도 잘 알고 있었고 자기가 당하는 부당한 취급을 조목조목 비판할 언어도 갖고 있었다. 그러나 건진이는 절박했고, 절박한 만큼 사장에게 일방적으로 종속될 수밖에 없었다.

제가 몇 달만 참고 돈 벌자는 생각으로 주휴수당도 포기하고, 쉬는 것도 포기하면서 일을 했어요. 제 마지노선은 세 달이었어요. '세 달만 열심히 일하자. 그 돈 가지고 방도 구하고 내가 하고 싶은 거 하자. 알바도 조금만 하자'라고 생각했는데, 첫 번째 알바에서 두 달 반 하고 못 견디고 나왔어요. 스트레스가 너무 심하니까 한 달만 쉬자 하고 그만뒀죠. 그런데 한 달도 아니고 한 3주 정도 알바를 안 하니까 수중에 돈이 10만 원밖에 안 남는 거예요. 번 돈이 너무 적으니까 금방 사라져 버리는 거예요. 그러면 다시 일 구하고. 또 똑같은 반복. 지옥의 문을 연 거죠.

많은 것을 포기하고 열악한 노동 조건을 감수해도 임금이 너무 낮기 때문에 어느 정도의 경제적 기반을 형성하는 것조차도 원천적으로 봉쇄되는 악순환의 고리. 건진이는 이를 두고 '지옥의 문을 연 것'이라고 말했다. 그 '지옥'은 사람으로서의 존엄이 밑바닥으로 내동댕이쳐지는 순간들로 건진이를 안내했다. 건진이가 일을 그만두게 된 것도 사장의 일방적인 약속 파기와 공개적인 모욕 때문이었다.

제가 한 달 전부터 어디 가야 된다고, 토요일에 못 나올 거라고 이야기했어요. 사장님이 알았다고 그러더라고요. 그래 놓고 하루 전에 내일 나오라고 그래요. 저는 무슨 소리냐고, 한 달 전부터 얘기 다 해 놨는데 이렇게 하면 안 되지 않냐고, 내일 안 나가겠다고 얘기했어요. 그리고 월요일에 출근을 했는데 한 5시쯤에 알바들 담당하는 매니저가 카운터에서 절 부르더니 "너 왜 안 나왔냐"고 그러면서 별의별 욕을 다 하는 거예요. 진짜 생전 들어 보지도 못한 단어들을 써 가면서 저한테 욕을 하는데, 눈물이 날 정도로 억울했어요. 사람들이 밥 먹다 말고 저를 다 쳐다보는 상황도 정말 싫었고, 무엇보다 저는 잘못한 게 전혀 없었거든요. 그래도 그때는 죄송하다는 말밖에 못 했어요. 그런 말을 하는 저한테도 짜증이 났어요. 그 뒤로 한 3일 있다가 그만두겠다고 하고 나왔죠.

부당한 노동 조건과 모욕적 관계에서 빠져나올 유일한 방법은 일을 그만두는 것밖에 없었다. 생계의 절박함을 감수하고서. 더 큰 문제는 이 경험이 건진이만이 겪은 이례적인 경험이 아니라는 점이다. 건진이는 자기가 일했던 고깃집이 유독 나빴던 것이 아니라, 인근 가게들이 가진 공통의 특성이라고 말했다.

여기 홍대 앞 고깃집 알바들의 사이클이 있어요. 한 식당에 가요. 거기서 못 버티면 다른 식당으로 가요. 거기서 또 못 버티면 다른 식당으로 또 가요. 이런 식으로 계속 도는 거예요. 근데 어느 식당엘 가나 다 똑같아요. 거기 일하는 직원끼리 서로 잘 알고 있는 사람들이고, 다 폭력적이에요. 알바들한테 막 쌍욕하고, 때리려고 위협하고. 그러다 보니까 알바들이 빙빙 도는 거죠. 여기 못 견디고 저쪽으로 가고. 워낙 들고 나는 사람이 많으니까 사람을 자주 뽑아요.

여기도 지옥이고 옆집도 지옥인 세상. 그 속에서 알바들은 한곳에 정착하여 경력이나 관계, 전망을 만들지 못했다. 하지만 사장은 건진이가 감내해야 했던 열악한 노동 조건을 오히려 '선심'이었던 것처럼 말했다.

그만두겠다고 하니까 그러더라고요. "솔직히 너 가출한 거 모를 것 같냐? 근데 하나는 확실하게 알아 둬. 여기 말고 140~150 주는 데 없다. 다 60~70 정도 준다." 정말 소름 돋았어요. 사실 제가 하루 12시간씩 주 6일 일하니까 150 받은 거죠. 지나가는 사람들 붙잡고 물어봐요. 150만 원 받고 주 6일, 하루 12시간씩 일할 거냐고. 가끔씩 쌍욕도 들어 가면서. 누가 한다고 하나.

임금도, 일하는 기간도 제멋대로

건진이가 두 번째로 일하게 된 곳은 대기업 계열사에서 운영하는 푸드코트 매장이었다. 같이 일하는 사람들도 좋고 주휴수당을 비롯해 법적으로 지불해야 할 임금도 빠짐없이 주는 곳이었다. 하지만 근로기준법에 따라 청소년에게 반드시 문서로 나

뒤 주어야 할 근로 계약서는 받지 못했고 대신 서약서를 작성해 내야 했다. 더 이상했던 건, 일에 능숙해질수록 노동 강도는 세지는 반면 임금은 줄어드는 상황이었다.

처음에는 제가 오전 6시 반에 출근해서 준비를 했거든요. 근데 제가 일이 능숙해지니까 출근 시간을 점점 늦추는 거예요. 내일은 7시에 와라, 그 다음 날은 7시 반에 와라 이런 식으로. 근데 6시 반에 출근을 하든 7시 반에 출근을 하든 오픈 시간 전에 해야 되는 일은 정해져 있거든요. 그러니까 출근을 늦게 하면 일을 더 빨리해야 하는 거예요. 그러다 보니까 문을 연 다음에도 계속 준비를 해야 하는 상황이 되는 거죠. 또 제가 하루 8시간 일하기로 했었는데, 음식점 특성상 손님이 많으면 9시간도 일하고 10시간도 일하잖아요. 그러면 "오늘 8시간 일한 걸로 하고, 다른 날 나머지 2시간을 끼워 주겠다"고 얘기해요. 손님이 적을 때 일찍 퇴근시키는 대신 전에 일한 2시간을 얹어 주는 거죠. 그렇게 하면 연장근무수당을 안 줘도 되니까요. 그렇게 해도 본사에서 매상 안 나온다고, 인건비 줄이라 그래서 정리 해고도 한 번 했어요. 처음엔 청소년 알바를 5명 썼는데 오전에 1명, 오후에 1명만 남기고 나머지는 다 자른 거죠. 원래 오전에 매니저 둘까지 넷이 하던 일을 셋이 하게 된 거예요. 그러니까 일은 더 바빠질 수밖에 없고요. 되게 힘들었어요.

임금을 덜 주기 위해 노동자를 손님이 없는 시간 동안 매장 밖으로 내보내 쉬게 하거나 조기 퇴근을 시키거나 갑작스레 당일 휴무를 통보하는 등의 행위를 '꺾기'라고 한다. 이는 영업상 손실을 노동자에게만 고스란히 떠넘기는 행위로서 대표적인 노동 인권 침해 사례 중 하나다. 이렇게 인건비 절감을 외치는 기업의 목표는 노동자들을 더 강도 높게 후려치는 방법을 통해 실현되었다. 애초 근로 계약 때 약정한 노동 시간을 고무줄마냥 함부로 줄였다 늘였다 하는 것은 분명한 법 위반이다. 건진이는 일하는 시간이 종잡을 수 없는 데다 첫 달에 비해 반토막이 난 임금을 보고는 다른 일자리를 구하기로 결심했다.

원래 계약된 시간대로 하면 저는 한 달에 90만 원을 받을 수 있었어요. 90만 원을 받으면 40만 원 방세 내고, 10만 원은 교통비 하고, 나머지 40만 원 가지고 생활하는 거였죠. 그런데 그게 차츰 차츰 줄어 가더니 3개월째 되니까 통장에 55만 원이 찍힌 거예요. 그 돈을 받고 머릿속이 하얘졌어요. 당장 방세 내고 나면 남는 돈이 없잖아요. 아, 이건 아니다 싶어서 그만뒀어요.

건진이는 곧장 사무 보조 알바 자리를 구했다. 엑셀Excel 작업을 좋아하는 편이라 일하기도 수월했고, 함께 일하는 사람들도 살갑게 대해 주었다. 처음 접한 괜찮은 일자리라는 생각이 들었다. 그러나 좋은 시절은 오래가지 않았다.

네임 스티커를 만드는 회사였는데, 거기서는 저를 되게 좋아해 주셨어요. 면접 보러 갔는데, 잘해 보자고, 우리 회사의 대들보가 되어 달라고 그러는 거예요. 하는 일도 엑셀 작업이어서 편했어요. 알바를 하찮게 여기는 분위기도 없었고요. 힘들면 쉬라고 그러고, 과자 사 왔으니 먹으면서 하라고 그러고, 되게 살갑게 대해 주셨어요. 근데 그 네임 스티커라는 게 신학기에 학교에서 구입을 많이 하잖아요. 그래서 3월에는 온라인 쇼핑몰에서 업계 1위도 찍고, 소화를 다 못 할 만큼 주문이 밀려서 친구들 2명도 같이 알바하자고 데려가고 그랬어요. 근데 성수기가 딱 끝나니까 출근하는 길에 문자가 온 거예요. 이제 나오지 말라고. 충격이었죠. 한 달도 못 채웠는데 3명이 동시에 잘렸어요. 제가 책이랑 휴대전화 충전기를 사무실에 두고 와서, 마지막으로 인사도 할 겸 제 물건 찾으러 가겠다고 했어요. 그랬더니 오지 말래요. 택배로 붙여 주겠다고. 미안했나 보죠. 그렇게 짐작은 돼도 기분은 많이 안 좋았어요. 배신당한 느낌? 일회용품이 된 것 같은 기분? 내쳐진 기분이 뭔지 알겠더라고요.

'회사의 대들보'는 순식간에 일회용품이 됐다. 좋은 인간관계 역시 매우 조건적이고 임시적일 수밖에 없는 '알바'의 처지를 명확하게 깨달은 순간이었다. 필요할 때만 노동력을 가져다 쓰고 필요가 덜하다 싶으면 내다 버리는 고용 방식을 '수도꼭지 고용'이라고 부른다. 수도꼭지처럼 필요할 땐 틀고 불필요할 땐 잠그는 방식임을 비유적으로 꼬집은 표현이다. 일하는 사람의 입장에서는 언제 일회용품처럼 버려질지 모르는 불안감을 껴안은 채 일하고, 월차나 퇴직금 등 노동법이 보장하고 있는 권리를 기대할 수도 없게 되어 버리는 것이다.

'에너지 드링크' 말고 잠을 달라

한 달도 안 되어 쫓겨난 건진이는 야간 편의점 알바를 시작했다. 야간 일을 구한 것은 일자리가 많지 않아서이기도 했지만, 무엇보다 밤에 일하면 낮에 하고 싶은 일을 할 수 있을 거란 기대가 있었기 때문이다.

처음에는 야간에 알바 뛰고 오전에 제가 하고 싶은 일을 했어요. 여기저기 싸돌아다니고 낮에 해 떠 있을 때 4시간 정도 자고 출근했죠. 그러다가 너무 힘들어서 점점 오전에는 잠만 자게 되더라고요. 정말 이건 사람이 할 짓이 못 된다는 걸 뼈저리게 느꼈어요. 나중에는 새벽에 일하면서도 카운터에 앉아서 잤어요. 자는 게 자는 것 같지가 않더라고요. 시급은 5천 원 받았어요. 밤 10시에 출근해서 오전 10시 반, 정확히 12시간 반을 일했는데 사장님이 그러더라고요. "나는 노동법 그런 거 잘 모르니까 네가 알아서 해라. 다만 나한테 청구하지는 마라."

원래 밤 10시부터 오전 6시 사이 이루어지는 야간 노동의 경우 건강과 생활에 미치는 타격이 크기 때문에, 원칙적으로 금지되어야 하는 게 마땅하다. 그러나 야간 노동이 불가피할 경우 노동자가 감당해야 할 부담을 감안하여 애초 약속된 임금의 1.5배를 지불하도록 노동법에 규정되어 있다. 하지만 건진이에게는 사장님의 모르쇠를 바로잡을 카드가 별로 없었다. 야간에 일을 하면서 건진이는 24시간 몽롱한 상태로 지내야 했다. 건진이에게 정말 필요한 건 '잠'이었지만, 그나마 주어진 것은 같은 비슷한 처지의 회사원이 건넨 '에너지 드링크'였다.

야간에 편의점 오는 사람들은 만날 똑같더라고요. 야근하는 사람들, 건물 경비 서시는 분들, 주변에 사는 사람들. 매일 오던 회사원이 있었는데, 에너지 드링크가 1+1이니까 2개를 사서 꼭 하나는 저를 주셨어요. 힘들어 보인다고, 마시고 하라고요. 그 사람이랑은 만나면 인사하는 사이가 되었죠. 어느 날 그 사람이 또 에너지 드링크를 주고 가는데 갑자기 짜증이 나는 거예요. 에너지 드링크를 먹는 이유가 사실은 내일의 체력을 오늘 쓰자는 거잖아요. 이런 거에 감사해야 하는 제 상황이 너무 짜증이 났던 거죠. 저한테 필요한 건 사실 에너지 드링크가 아니라 잠이었으니까요. 저는 심야버스라든가 24시간 편의점, 이런 거 다 없어졌으면 좋겠어요. 그냥 밤에는 아무것도 안 하고 불 끄고 잤으면 좋겠어요. 왜 밤에 일을 해. 진짜 사람이 할 짓이 못 돼요.

건진이를 또 괴롭혔던 건 편의점 사장이 처한 또 다른 '을'의 위치였다. 본사는 편의점 사장에게 부당한 조건을 강요했다. 사장의 처지를 듣고 있자니 자기가 받지 못한 임금은 청구할 엄두도 나지 않았다.

사장님이 되게 힘들어 보였어요. 직장 그만두고 나서 조건이 좋다고 해서 편의점을 시작했는데 옆에 대형 프랜차이즈 마트가 생겨버린 거예요. 본사에 항의를 했더니 본사에서 직영점으로 옮겨 줬대요. 근데 옮기고 보니까 악성 재고가 정말 많았던 거죠. 그 악성 재고를 3일 안에 정리 못 하면 반품도 못 하고 결국 자기가 다 사야 하는데 전혀 안 팔리는 그런 것만 잔뜩 보내는 거예요. 예를 들면 어버이날 카네이션 같은 거. 누가 편의점에서 카네이션을 사요. 그런 게 다 사장님이 메워야 되는 돈인 거죠. 세 달 지나니간 옆에 대형마트가 하나 더 들어왔어요. 미쳐 버리는 거죠. 사장님이 빚내서 제 월급을 줄 수밖에 없는 상황이라고 이야기하더라고요. 아, 정말 주휴수당은 꿈에도 청구를 못 하겠구나 싶었어요.

자영업자(?)가 되다

편의점을 그만두고 건진이는 모아 놓은 돈을 써 가며 두 달을 쉬었다. '돈에 구속당하는 게 너무 싫어서'였다. 그러다 휴대전화 판촉 콜센터 일자리를 구했다. 이전 일자리보다 육체적으로는 덜 힘들었다. 그러나 하루 수백 건씩 같은 대사를 반복하며 전화를 하는 일이 쉽지 않았다.

돈이 없으니 또 알바를 구했죠. 휴대전화 판촉 콜센터였는데, 거기는 월급을 좀 많이 줘요. 120만 원. 전화해서 80만 원짜리 휴대전화를 20만 원에 살 수 있다는 식으로 거짓말해서 파는 거예요. 9시 30분에 출근해서 10시 되면 업무 시작하고 6시까지 일해요. 자동으로 전화가 걸려요. 하루에 적으면 250건에서 많으면 300~400건? 500건 넘어갈 때도 있고. 그래도 하루에 한 개 뽑는 게 힘들어요. "어, 괜찮네요" 하는 사람 있으면 이름 받아서 팀장님 주고, 그러면 팀장님이 2차로 전화해서 휴대전화 보내 주고. 목이 좀 많이 아파요. 스크립트(대본)가 있어요. 그걸 보면서 줄줄줄 읽는 거예요. 퇴근할 무렵 되면 스크립트의 같은 구간을 왔다 갔다 반복하면서 말하고 있어요.

건진이는 먹고살기 위해서 누군가에게 피해를 주는 일을 하고

'지옥의 문'을 열다

있다는 생각에 괴로웠다. 그래서 걸려든 사람들에게 몰래 다시 전화를 걸어 진실을 알려 주곤 했지만, 나중에는 그마저도 포기해야 했다.

 옛날에는 사겠다는 사람한테 일일이 휴대전화로 전화해서 사지 마시라고, 사실 이거 80만 원 들어가는 거 맞다고 취소시키기도 하고 그랬어요. 인터넷 어느 사이트에 가면 싸게 구입할 수 있다고 알려 주기도 하고요. 근데 제 실적이 안 나와서 저만 돈을 덜 받으면 괜찮은데 다 엮여 있더라고요. 지 같은 경우는 열다섯 건 이상이 기본이고 열여섯 건부터 인센티브(성과급)가 들어가거든요. 근데 팀장님은 팀원이 6명인데, 열다섯 건 이상 판 사람이 3명 이상이 되어야 인센티브를 받아요. 또 팀 인센티브도 있어서 팀에서 몇 건 이상 해야 인센티브가 들어가고요. 저 때문에 팀에 피해가 간다고 생각하니 너무 미안하더라고요.

게다가 놀라웠던 건 자기가 콜센터에 고용된 노동자인 줄 알았는데, 실제로는 '개인사업자' 신분이라는 점이었다.

 제가 콜센터에 고용이 돼서 일을 하고 있는 상황이었거든요. 근데 근로 계약서를 받아 보니까 노동자가 아니고 개인사업자라고 적혀 있더라고요. 그래서 노동법 적용을 안 받아요. 퇴직금도 없다고 하더라고요. 사업자등록번호도 안 알려 주면서 자영업자래요. 어이없죠.

사업주의 관리 감독을 받으며 일을 하고, 기본급과 수당 등의 명목으로 임금을 받고 있는데도 자기가 자영업자라니 건진이는 도통 이해가 되질 않았다. 이렇게 개인사업자로 분류되면 유급 휴가나 주휴수당, 퇴직금, 고용보험이나 산재보험 등 노동자에게 주어지는 법적 보호는 꿈도 꾸지 못하게 된다. 여러 가지 일로 괴로워하던 건진이는 결국 이 일도 그만두었다.

근로감독관이 암행어사 같은 줄 알았다

청소년 노동 문제에 대한 사회적 관심이 높아지면서 청소년 고용 사업장이 노동법을 잘 지키고 있는지를 집중 감독하겠다는 정부의 약속이 이미 수차례 발표된 바 있다. 그러나 건진이가 첫 번째 일터에서 경험한 '근로 감독'의 현실은 그렇지 않았다. 사장님은 법망을 피해 가는 방법에 무척이나 능숙했고, '암행어사'처럼 등장할 줄 알았던 근로감독관은 사장과 미리 약속하고 사업장을 방문했다. 건진이는 일하는 사람들에게 절대적으로 불리한 현실을 또 한 번 절감했다.

일을 하고 있는데 한 3~4시쯤 식당으로 전화가 왔어요. 사장님을 찾기에 아직 출근 안 하셨다고 어디시냐고 물어봤더니 고용노동부래요. 저보고 몇 살이냐고 묻길래 열여덟이라고, 왜 그러냐고 했더니 "알바하는 사람이 알아야 되는 건 아니고 사장님이 몇 가지 지켜야 하는 게 있어서 연락했다"고 그래요. 나중에 사장님한테 말씀을 드렸더니 "어, 나도 연락 받았다" 이러더라고요. 그러고 나서 3일 있다가 허위 근로 계약서가 나왔어요. 제가 하루에 12시간을 일하잖아요. 근데 서류에는 주 5일에 하루 5시간 일하는 걸로 적혀 있는 거예요. 법적으로 청소년한테는 12시간씩 일을 시키면 안 되니까. 알바들한테 그 허위 근로 계약서에 사인을 하라고 했어요. 그러고는 "너 하루에 12시간 일하면 안 되는 거 알고 있지? 근로감독관이 오는 날은 나오지 말거나 창고에 들어가서 자재 정리하고 있어라" 그러는 거예요. 근로감독관이 올 때 미리 알려 준다는 말이 되게 이상하게 들렸어요. 감독이라고 하면 암행어사처럼 '암행어사 출두요!' 이러면서 나타나는 게 맞는 것 같은데, 언제 가겠다고 약속을 하고 오는 건가? 그럼 법 안 지키고 있다가 고용노동부에서 전화 오면 그때부터 준비하면 되는 거잖아요.

사업주가 법망을 피해 갈 방법도, 시간도, 명분도 도처에 깔려 있었다. 현행 근로감독관 직무 규정에는 사전 고지 후 방문 절차를 명시하고 있다. 근로감독관이 사업장을 찾아가도 사업주가 내민 서류 더미를 들여다보는 수준에서 조사가 그치는 경우도 다반사다. 모두가 사업주의 영업의 자유를 일하는 노동자의 인권보다 앞서 보호하는 인식에서 나온 결과다. 이렇게 건진이의 첫 노동 경험은 냉혹했다.

몇 개월 뒤 건진이는 한 방송 프로그램을 통해 첫 일터를 다시 방문할 기회가 생겼다. 방송사에서 노동자들이 떼인 임금을 받아 주는 프로그램을 진행하면서 청소년 출연자를 찾은 것이다. 건진이는 한 단체의 소개로 방송에 출연하게 되었고 방송사에서 섭외한 근로감독관까지 대동하고 호기롭게 옛 일터를 다시 찾아갔다. 하지만, 막상 옛 사장님 앞에 서니 위축되는 마음은 어쩔 수 없었다.

거기서 일하면서 주휴수당을 비롯해서 다 못 받았어요. 합치면 한 50만 원 정도 돼요. 가면 그것 말고도 제가 하고 싶은 말이 정말 많았어요. '그때 그렇게 하셨잖아요!' 이렇게 당당하게 이야기하고 싶었거든요. 사실 법적으로 따질 수도 있었고, 판례 같은 것도 찾아본 상황이어서 그 사람이 뭐라고 하면 '흥, 그거 아니거든!' 이런 식으로 받아칠 수도 있을 것 같았는데, 막상 가게 앞에 가니까 들어가기도 싫고 울 것 같은 느낌이 들었어요. 준비한 말도 입 밖으로 튀어나오지 않고요. 그러니까, 알바를 끝냈지만 아직도 갑과 을의 관계는 존재하는 것 같았어요. 그 사람은 아직까지도 저한테 계속 반말을 하고 있고, 저는 계속 "네, 네" 이러면서 끄덕이고요. 어쨌거나 그 사람은 제게 돈을 주는 사람이고, 어른인 거예요. 또 그 사람은 저를 막 욕하고 혼냈던 적이 있고 저는 당했던 사람이니까 그 사람을 보는 것만으로도 위축이 되는 거죠. 동네 깡패에게 통행료를 뜯겼던 사람이, 동네 깡패가 이사를 가서 한동안 안 뜯기다가 갑자기 길거리에서 딱 마주쳤을 때 그런 느낌일 것 같아요.

때문에 건진이는 자기뿐만 아니라 다른 청소년에게도 법적 절차를 밟는 것이 상당한 압박이 될 거라고 말했다. 자기의 목줄을 쥐고 있었고 부당하게 대우했던 어른 또는 사장을 대면하는 경험이 청소년들에게는 결코 쉽지 않을 거란 얘기였다.

실제로 체불 임금 신고를 하면 3자 대면을 계속한대요. 사장님이랑 알바랑 근로감독관이랑 이렇게 셋이서 얘기를 한다는 거예요. 근데 그 과정이 너무 힘들 것 같아서 그냥 피하는 사람도 되게 많대요. 실제로 청소년들 만나서 "이렇게 체불 임금 받을 수 있다. 네가 정당한 거니까 받을 수 있는데 신고하겠냐"고 물으면 대부분 "안 할래요. 다시 마주하기 싫어요." 그래요. '치사해서 안 받고 말지'라는 마음도 있겠지만 그때의 기억이 계속 남아 있으니까 대면하는 거 자체가 싫은 거예요. 저 같은 경우는 행운이었죠. 한 번 만나서 돈 내놓으라고 할 때 내놓은 거니까.

노동법에 따라 피해를 입은 노동자를 지원해야 할 근로감독관이 오히려 사업주의 편을 드는 발언을 계속하는 것도 문제였다. 건진이는 정당하게 받아야 할 임금을 받으러 가면서도 오히려 질타를 받아야 했다.

점심시간에도 일했는데 휴게 시간으로 빼고 시급을 안 줬거든요. 그거 다 계산해서 받으러 가는데 근로감독관이 "일반적으로 회사에서 점심시간 1시간씩은 다 뺀다. 그것까지 이야기하긴 좀 그렇지 않냐. 내 아들이 너처럼 돈 받겠다고 그러면 나는 받지 말라고 그럴 거다" 이러는 거예요. 오히려 제가 "점심시간에 그래도 좀 쉬긴 했으니까 1시간 빼도 될 것 같아요"라고 얘기를 해도, 근로감독관이 아니라고, 실제로는 일한 거니까 돈을 받아야 된다고 해야 하는 거 아니에요? 근로감독관한테 그런 얘기를 나한테 왜 하냐고 그랬더니 도리어 화를 내더라고요. 너 잘되라고, 선배로서 하는 얘기라고. 지금 이깟 50만 원이 뭐가 중요하냐고. 근로감독관이 몇 번은 봐주는 거라는 식으로도 이야기를 했어요. 그런데 만약 법을 어겨도 다섯 번은 봐준다고 하면, 제가 사장이라도 그 다섯 번을 적극적으로 활용해서 노동자를 최대한 뜯어먹을 것 같아요. 여섯 번째부터 잘하면 되잖아요?

기댈 데 없는 청소년 알바

건진이는 여러 번의 노동 경험을 통해 청소년 노동자를 바라보는 세간의 시선이 얼마나 부당한지 몸소 느끼게 되었다. 공부할 나이에 돈이나 밝히는 애라는 식의 눈총도, 어린데 기특하다는 식의 칭찬도 답답했다.

알바 구할 때 청소년이라고 하면 노는 애다, 막 다뤄도 되겠다, 이런 식으로 보는 시각이 있어요. 청소년 알바한테는 돈을 줘도 선심 쓰듯이, 용돈 주듯이 주고요. 근데 이런 반응은 청소년은 노동해서는 안 되는 존재라는 인식이 밑바탕에 깔려 있어서 나오는 거죠. 청소년들이 알바하는 이유는 정말 다양한데, 청소년들이 뭔가를 욕망하는 것 자체를 굉장히 나쁘게 보는 것 같아요.

청소년을 고용한 사업주들은 흔히 '청소년 노동자들은 책임감이 별로 없다'면서 부당한 노동 조건이나 불합리한 처우를 정당화하곤 한다. 건진이는 이 흔한 편견에 대해서도 할 말이 많았다.

알바를 하다 보면 정말 절체절명의 상황이 와요. 저처럼 부당하게 급여를 깎이거나 욕을 듣거나. 그런데 청소년들은 자기가 부당한 일을 겪었을 때 그걸 어떻게 처리하는지를 잘 모르잖아요. 말해 주는 사람도 없고. 청소년 알바는 기댈 데가 없어요. 그럴 때 가장 쉬운 방법이 그냥 안 나가는 거예요. 계속 부딪히기 싫으니까 보통 그런 식으로 많이 그만두죠. 그러면 월급도 못 받아요. 다른 친구들이 그런 일을 겪을 때 제가 그만두더라도 월급은 받아야 될 거 아니냐고 말하면 다들 가기 싫다고, 됐다고 그래요. 사실 잘못은 청소년 알바가 한 게 아닌데, 상황이 그들을 내몬다고 봐야죠. '밀려났다'라는 표현이 가장 정확한 것 같아요. 그런 맥락을 떼 놓고 그냥 청소년들이 아무 연락도 없이 그만뒀다고 해 버리면 '무책임한 청소년 알바'가 되는 거죠.

'청소년 알바는 기댈 데가 없다'는 건진이의 말 한마디에 많은 진실이 숨어 있었다. 건진이의 말처럼 청소년의 노동을 비정상적으로 바라보기에 청소년들이 기댈 곳도 없는 것은 아닐까. '요즘 애들은 참을성도 없고 책임감도 부족해서 자주 일을 그만둔다'고 탓하기 전에 그 일자리는 머무를 만한 곳인지를 먼저 질문해야 하지 않을까.

그래서 건진이는 노동이 숭고하다는 이상을 교육해야 한다고 강변할 게 아니라, 현실의 노동은 왜 숭고하지 못한지, 노동이 숭고해지려면 무엇을 해야 하는지 질문을 해야 한다고 말한다.

청소년들에게 노동이 숭고하다는 걸 교육해야 한다고 말하는 어른들도 있잖아요. 근데 저는 하루 12시간 편의점 알바를 하면서 단한 번도 숭고함을 느낀 적이 없어요. '아, 내가 살기 위해서 하는 거야'라고만 생각했죠. 진짜로 잠 좀 잤으면 좋겠고, 일 나가기 싫고, 참고 일해 봤자 받는 건 100만 원도 안 되는데 '당신의 노동은 숭고하다'라고 말하면 화날 것 같아요. 사실 노동이 숭고하다는 걸 아는 건 중요하죠. 노동이 없으면 세상이 굴러가질 않으니까. 하지만 현실은 그렇지 않잖아요. 노동이 숭고하지 않다면, 숭고하게 만드는 게 중요한 것 같아요. 일을 하면서 '내가 뭔가를 해냈다. 이건 정말 내 삶에서 중요하고 재미있다' 이런 생각이 들면 정말 살아 있다는 기쁨을 느낄 수 있을 것 같아요.

청소년 노동자가 청소년 노동 정책을 만든다면

건진이는 사실 이른 나이에 독립을 시도했지만 고등학교를 계속 다니고 싶었다. 대학 공부도 여건만 된다면 해 보고 싶다. 그러나 지금 조건에서 그게 불가능하다는 걸 누구보다도 잘 안다.

사실 저는 학교를 다니면서 일하고 싶었어요. 근데 알바하면서 공부하려면 아침 7시에 학교를 가서 4시에 학교를 나와야 해요. 그 다음에 5시부터 밤 12시까지 7시간은 일을 해야만 적어도 방세라도 내면서 학교를 다닐 수 있죠. 그렇게 못 하니까 자퇴를 한 거고요.

저도 대학에는 가고 싶어요. 강연 자리 같은 데서 대학 교수들이 이야기하는 거 듣다 보면 '어, 저 사람 수업 한번 들어 보고 싶다' 는 생각이 들 때가 있거든요. 근데 제가 그 비싼 등록금을 줘 가면서 대학에 갈 형편도 안 되거니와 그게 제 인생을 얼마나 바꿀 수 있을지도 잘 모르겠어요. 대학 가는 데 드는 비용을 제가 부담하지 않아도 된다면 모를까, 제가 지금 몇천만 원을 벌려면 숨 안 쉬고 몇 년간을 일해야 돼요.

그래서 건진이는 바로 지금 청소년들의 노동이 좀 더 인간답게 변화되기를 바란다. 청소년 노동에 관한 법을 나름대로 열심히 찾아보기도 했지만, 법을 지키라는 요구를 청소년들이 직접 사장에게 전하기는 쉽지 않다는 걸 이내 깨달았다. 법은 먼 데 반해 가혹한 현실은 너무 가까이 있다. 그래도 건진이는 꿈을 꾼다. 청소년 노동자들이 직접 청소년 노동에 관한 정책을 기획하는 자리에 초대받는 꿈을. 현실을 가장 가깝게 경험한 사람들의 힘으로 자그마한 변화라도 일궈 내는 꿈을.

청소년 정책을 짜는 사람들이 청소년을 보는 게 아니라, 청소년의 노동을 본 비청소년 논문을 보고 정책을 짜요. 근데 그게 아니라 고용노동부 장관이 직접 알바를 해 보든가 그게 힘들면 실제 노동하는 청소년을 불러와서 같이 정책을 짜야죠. 청소년 노동을 담당하는 공무원들이 다 비청소년인데 그 자리에 청소년 노동자들을 데려다 놓아도 진짜 잘할 것 같아요. 저는 그런 식의 깸이 필요한 것 같아요.

건진이의 짧지만 굵직한 노동 생애사를 듣다 보면, 청소년은 시키는 대로 일하고 주는 대로 받아 가는 존재라는 사업주들의 인식이 얼마나 비현실적인가 알게 된다. 건진이처럼 청소년 노동자들은 견고한 현실의 권력관계 속에서 일자리를 지켜 내느라 현실에 고분고분 순응하는 듯하지만, 그 고단한 현실이 얼마나 문제인지를 알고 있다. 때로는 속절없이 쫓겨나고 권리를 포기하기도 했지만, 또 때로는 카메라와 노동법의 힘을 빌려 영악하기 이를 데 없는 사업주를 혼내 주기도 했다. 노동 조건의 열악함이라는 측면에서만 보면 건진이는 그저 안타까운 피해자, 비청소년의 지원과 보호가 필요한 취약노동계층으로 보이지만, 자기에게 무슨 일이 닥쳤는지를 읽어 내기도 하고 때로는 '소심한 복수'를 꿈꾸기도 하는 열혈 십 대이기도 하다. 건진이가 혼자서, 때로는 주변 지인들의 힘을 빌어 자기의 현실을 해석하고 부당함에 맞설 힘을 얻었듯이, 다른 청소년들도 주어진 현실이 부당함을 확인받고 현실을 바꿀 기회와 만난다면, 책상머리에서 쏟아져 나오는 정부의 명분 쌓기용 청소년 노동 정책이 현실화될 가능성은 더 크게 열릴 것이다.

청소년 노동 정책의 엇박자

★청소년 노동 정책이란?

일하는 청소년과 관련된 것이라면 모두 청소년 노동 정책이다. 일하는 청소년에게 나이에 따른 차별 없이 적정한 임금 수준을 보장하고 다치거나 병들지 않고 건강한 노동 환경에서 일할 수 있도록 노력하는 것이 그중 하나다. 또한, 청소년들이 자주 이용하는 공공장소나 쉼터에서 괜찮은 일자리에 대한 정보를 얻을 수 있도록 하는 것, 상담 센터를 마련하여 일터에서 부당한 일을 당하거나 상담이 필요한 경우 지원을 받을 수 있도록 하는 것, 일하는 청소년의 권리를 제대로 보장하지 못하는 법제도가 있다면 정비하고 감독하는 것, 학교 안팎에서 진로를 탐색할 수 있는 기회를 마련하는 것, 노동인권교육을 통해 일하는 사람의 권리에 대해서 알 수 있는 기회를 마련하는 것 등이 청소년 노동 정책에 해당한다.

★청소년 노동 정책 현실은 어떨까?

일하는 청소년과 관련한 현재의 노동 정책은 단편적인 실태 조사, 형식적인 근로 감독과 홍보 활동, 일회적인 노동인권교육 정도여서 청소년이 체감하는 노동 정책이 없거나 제대로 작동하지 않는다 해도 과언이 아니다.

진로 탐색 기회는 〈진로와직업〉 수업이나 자유학기제 같은 일부 교육과정에 국한되어 있다. 일회성 체험 위주다 보니 청소년이 원하는 일과 일의 의미에 대해 고민하고 경험하면서 적성 여부를 판단할 수 있는 기회로 삼기에 부족하다.

학교 안과 밖에서 다양한 방식으로 이뤄져야 할 노동인권교육은 고3 대상 대규모 교육 위주다. 노동인권을 충분히 다루기 위해서는 일회성 노동관계법 위주의 교육으로는 부족하다. 노동관계법을 지킬 의무가 있는 사업주에 대한 교육도 거의 없다.

청소년이 일하는 사업장에 대한 근로 감독은 매년 형식적으로 진행되고 있다. 근로감독관이 적다는 이유로 관내 몇 개 사업장 위주로 여름·겨울방학에 집중하여 진행하고, 위법 사항 적발 후 처벌도 미미하다. 교육의 부재와 허술한 근로 감독 등은 노동인권 침해를 예방하기에 역부족이다.

뿐만 아니라 일하는 청소년들이 부당한 일을 겪었을 때 상담 및 권리 회복 절차를 안내하고 지원하기 위해 마련된 안심알바신고센터(센터)는 고용노동부의 홍보용으로만 남아 있다.

고용노동부는 2011년 11월 전국의 학교와 청소년 유관 기관 103곳에 센터를 설치한 후 계속 확대하고 있다. 센터에 담당자를 지정하고 담당 근로감독관도 지정하고 있다. 청소년이 일하다 부당한 일을 당한 경우 가까이에 있는 센터를 통해 상담하고 접수하면 별도의 진정 절차 없이 원스톱으로 법적 지원을 받을 수 있도록 만들어졌다. 그러나 청소년이 센터를 통해 신고한 경우에도 기존의 방식대로 진정 절차를 밟아야 하거나 사업장 관할이 아니라는 이유로 접수를 꺼려서 포기하게 되는 등 설치 목적대로 운영되지 않는다. 또한, 설치된 기관의 담당자와 담당 근로감독관에 대한 정기적인 교육이 부재하고, 운영 예산이 적어 제대로 된 역할을 기대할 수 없는 실정이다.

★ 청소년 노동 정책이 현실과 어긋나는 이유는 뭘까?

청소년 노동 정책을 제대로 만들기 위해서는 일하는 청소년이 어떤 환경에 놓여 있는지를 파악하는 것에서부터 시작해야 할 것이다. 그러나 정부와 지자체에서 진행하는 청소년 노동 관련 실태 조사는 노동 경험이 학습과 일탈에 미치는 영향에 집중하는 경향이 크다. 청소년이 어떤 목적으로 어떤 일을 하든 관계없이 건강하고 안전하게 일할 수 있는 환경을 만드는 데 역량을 쏟아야 제대로 된 정책이 나온다.

진로 탐색 기회와 훈련 기회를 충분히 제공하고 일하는 사람의 권리를 함께 생각할 수 있는 교육 환경을 만드는 정책, 노동 관련 법제도를 지켜야 할 의무가 있는 사업주들에 대해 철저히 감독하고 부당한 권리 침해를 받은 청소년이 있다면 지원받을 수 있는 곳을 마련하는 정책, 위험한 요소로부터 청소년을 '보호'하기 위해 출입·고용을 제한하는 것이 아니라 청소년이 마음 놓고 일할 수 있는 노동 환경을 만들기 위한 정책이라야 제대로 된 정책이다.

★ 청소년 노동 정책이 제대로 정착하려면 어떤 노력이 필요할까?

학생인권조례가 제정된 시·도에서는 교육정책을 마련할 때 교육의 한 주체인 학생의 참여가 당연하다는 인식이 늘어나고 있다. 학생의 온전한 참여가 보장되기 위해 보완되어야 할 것들은 여전히 많지만 정책의 '수혜자'에 머물지 않고 당사자의 목소리를 담아낼 수 있는 제도적 통로가 마련되고 있다는 데 큰 의미를 찾을 수 있다.

마찬가지로 청소년 노동 정책을 만드는 과정에 일하는 청소년의 목소리가 반영될 수 있는 다양한 통로를 마련해야 한다. 또한, 사업주, 교사, 학부모, 청소년 유관 기관 종사자 등을 대상으로 노동인권교육을 마련하고, 사업주가 노동관계법을 잘 지키고 있는지 수시로 점검하고 사후 조치를 강화하는 정책을 마련해야 한다. 무엇보다 일하는 청소년을 존중하는 인식 변화가 필요하다.

'말 잘 듣는 여자애'가 아닌 '홍서정'으로 살기
...

여성 청소년 노동자 서정이의 위장

서정이는 자신을 스스로 노동자라고 부르는 여성 청소년이다. 학교의 종교 수업 강요를 비판하고 인권문제로 공론화하면서 서정이는 결국 학교를 나오게 됐다. 그 탓인지 서정이는 학교와 일터, 가정에서의 다양한 강제와 구속 사이의 연결고리를 잘 찾아냈다. 학교를 자퇴한 뒤 부모와 갈등의 골이 깊어지면서 집에서도 독립했다. 서정이가 자립의 삶을 유지하기 위해서는 닥치는 대로 일을 해서 생활비를 벌어야 했다. 한 집안의 딸이고, 어느 학교의 학생이었으며, 지금은 일터에서 여성 청소년 노동자로 살아가는 서정이의 이야기는 그저 존중받는 온전한 인간으로 살아가기를 희망하는 것이 왜 그렇게 어려운 일인가 하는 질문을 품게 했다.

학생으로 사는 일, 자녀로 사는 일

서정이의 부모님은 여섯 살짜리 서정이를 피아노 콩쿠르에 내보내고 어릴 때부터 자기계발서를 읽게 할 정도로 자녀 교육에 매달리는 분이었다고 한다. 자녀에 대해 남달리 높은 기대를 가진 부모의 교육 태도가 서정이는 달갑지 않았다.

'내가 당신들 소유물이야?' 하는 반발심이 많았죠. 여섯 살밖에 안 된 저를 잡고 하루에 2~3시간씩 피아노 연습을 시켰어요. 막 손등을 때려 가면서. 그렇게 연습을 하니 콩쿠르 같은 데 나가면 상을 받아요. 그런데 남들한테 잘한다고 칭찬받아도 별로 즐겁지 않았어요.

부모님이 서정이에게 기대하면 할수록 구속처럼 느껴졌고 반발심만 생겼다. 특히 서정이는 엄마가 아빠보다 더 자신을 옭아매고 구속한다고 느꼈고, 그런 엄마와 싸우는 일이 많았다. 서정이가 엄마 맘처럼 움직이지 않을 땐 화풀이하는 것처럼 소리도 많이 지르고 때리기도 해서 "도대체 나한테 왜 그러는 걸까" 생각도 많이 했다고 한다. 그 이유를 조금 알게 된 건 초등학교 4학년 때였다.

초등학교 4학년 때 할아버지가 엄마에게 보내는 편지를 우연히 보고 친엄마가 아니라는 걸 알게 됐어요. 태어나고 5개월 만에 친엄마가 위암으로 돌아가셨다고 했어요. '아, 새엄마라서 나한테 그랬나?' 뭐 이런 생각이 들더라고요.

새로운 사실을 알았다고 해서 그동안의 엄마의 집착이 단번에 이해되는 건 아니었다. 그러나 성장하면서 엄마의 처지가 조금씩 더 이해되기 시작했다. '새엄마니까 아이를 저렇게 키우지'라는 손가락질과 비난이 두려웠던 엄마가 할 수 있는 선택은 서정이를 뭐든 잘하는 아이, 주위 사람들로부터 칭찬받는 아이로 키우는 것뿐이었을지도 모른다. 서정이가 그렇게 인정받는 것이 새엄마인 자신도 '좋은' 새엄마로 인정받는 길이라고 여겼을 것이다.

엄마도 전 부인의 아이를 키우는 처지니까 그랬겠죠. 제가 뭐든 잘하는 아이가 되어야 '좋은' 새엄마라고 인정받게 된다고 생각하기도 했겠고. 제가 뭘 잘못하면 '새엄마가 키우는 자식이 그렇지, 자기 배로 낳은 자식이 아니니까 적당히 키운 거겠지' 이러고 사람들이 비난할 걸 걱정해서, 때려서라도 잡고 싶었던 거 아닐까요. 늘 사이가 안 좋았지만, 중학교 때쯤부터 엄마를 심정적으로 조금씩 이해하게 되더라고요. 요즘은 엄마가 아빠와 이혼을 고민 중이거든요. "잘 생각했어. 두 사람 이혼해도 난 괜찮아. 엄마의 삶을 살

앉으면 좋겠어"라고 했더니 엄마가 그 많은 사람 중에 저만 자기를 지지해 줬다면서 좋아했어요.

엄마에 대한 이해가 깊어질 때쯤 서정이는 기독교재단이 설립한 고등학교에 입학했다. 서정이의 학교는 모든 학생에게 종교 수업을 듣도록 강제하고 있었다. 서정이는 독실한 기독교 집안에서 자라면서 의지와 상관없이 교회에 '끌려다녔던' 상황을 폭력이라고 생각했었다. 마찬가지로 학교의 종교 수업 강제 역시 부당하게 느껴졌다. 기독교재단이 설립한 학교라고 하지만 '뺑뺑이'로 배정받은 학교에서 종교 수업에 대한 대체 과목을 운영하지 않는 것은 종교의 자유를 침해하는 것이라고 생각했기 때문이다.

친가와 외가 모두 독실한 기독교 집안이라 어렸을 때부터 당연하다는 듯이 교회에 다녔어요. 교회에 왜 다녀야 하는지도 모른 채로. 초등학교 때부터 신앙은 없었어요. 집에서든 학교에서든, 종교 강요는 폭력이라는 생각이 점차 들었어요.

서정이는 친구들의 동참을 끌어내어 학교에 문제 제기를 하면서 국가인권위원회와 서울시교육청 인권교육센터에 진정을 하기도 했다. 그런데 종교 수업 강제 문제가 학교 안팎으로 공론화되자 서정이의 입지가 오히려 좁아졌다.

처음 학교에 채플 문제를 얘기했을 때만 해도 같은 학교 친구들은 자필 서명에도 열심히 참여해 주고, 지지한다며 응원해 주기도 하고, 무척 협조적이었어요. 근데 문제가 공론화되기 시작하니까 분위기가 냉랭해진 거죠. 학교가 나서서 분위기를 흔들기 시작했어요. 그렇게 되니까 언론에 학교의 이름이 자주 거론되면 학교의 명예가 떨어지는 거 아니냐고 따지는 학생들이 생기더라고요. 점점 학교에서 활동하는 게 어려워졌고, 바깥의 청소년인권단체들과 함께 활동할 수밖에 없었죠. 약간 고립감을 느꼈던 것 같아요. 학교가 싫으면 전학 가라는 식으로 몰아붙였거든요. 교감실, 상담실로 매일같이 불려 다녔고요.

서정이의 고립은 학교가 학교 명예를 명분 삼아 주도한 것이었다. 서정이는 고립된 분위기에서도 버텨 보려고 했지만, 결국 견디지 못하고 고등학교 1학년 말인 2012년 11월 학교 탈출(자퇴)을 결정하게 되었다. 이 일로 엄마와 충돌이 커지자 서정이는 결국 집에서도 독립하게 되었다.

엄마는 제가 학교에서 채플을 문제 삼고, 인권위에 진정하고, 결국 자퇴하게 된 그 모든 일을 용납할 수 없었나 봐요. 제가 투명인간이 된 것 같았어요. 엄마가 없는 사람 취급을 하니까. 그래서 자퇴하고 바로 독립을 했고, 살아야 하니까 곧장 알바를 시작한 거죠.

보일러 돌아가는 소리도 무서웠다

서정이는 자립한 후 곧장 알바를 시작했다. 집을 나와서 당장 생계가 급했지만, 일자리는 쉽게 구해지지 않았다. 여성 청소년들은 남성 청소년들에 비해 일자리 선택의 폭이 좁다. 어쩌다 괜찮은 일자리인가 싶어서 시작을 해도 기본적인 생활을 유지할 수 있을 정도의 임금을 받지 못한 탓에 서정이는 여러 일자리를 옮겨 다니게 되었다. 지금까지 거친 직장만 여섯 군데였다.

집 나와서 처음 했던 알바가 패스트푸드점 일이에요. 사람마다 기준은 다를 수 있겠지만, 전 몸이 힘든 걸 못 견디겠더라고요. 시급도 적고 같이 일하는 사람들도 최악이었어요.

서정이도 '꺾기' 피해를 당했다. 일을 시작할 때는 분명 하루 8시간씩 일하기로 정해 놓고서는 사업주 마음대로 일하는 시간을 줄여 나갔다. 일하는 시간이 줄어드니 임금이 줄어들고, 시간은 줄었는데 일의 양은 그대로이니 노동 강도가 세지는 것은 당연했다. 서정이의 고단한 노동은 겨울철 난방비도 제대로 대기 힘든 궁핍한 생활로 이어졌다.

아침 7시 반부터 낮 4시까지 일을 하기로 했다니까 매니저가 '어, 그러면 한 70~80 벌겠네?' 이랬거든요. 근데 첫 달 월급이 27만 원. 직영점이라 매장 매출이 안 나온다는 본사의 압박이 있다면서 점점 일하는 시간을 줄였어요. 처음에 8시간 동안 하던 일과 내용은 똑같은데 시간을 줄여 버린 거죠. 돈은 돈대로 못 받고 일은 일대로 힘들고. 그래서 너무 힘들었어요, 진짜. 처음에 집 나왔을 때가 11월이었는데, 난방비 무서워서 보일러도 못 틀었어요. 보일러 돌아가는 소리가 나면 요금 많이 나올까 봐 막 찬물로 씻었고요. 돈이 없어서 밥도 못 먹고 차비도 빌리고 그랬거든요.

찬 방바닥에서 잠을 자고 일어나 찬물로 씻고 허기진 채로 출근했는데 거기에 최악의 노동 조건까지 더해지니 정말 견디기 힘들었다. 출근하자마자 '단 10초도' 쉴 수 없이 몸을 놀려야 하고 아파서 못 나온 동료의 몫까지 감당해야 했던 첫 일주일이 서정이에게는 악몽과도 같았다.

8시에 출근하면 오픈 준비를 하는데 일을 하면서 단 10초도 쉴 수가 없어요. 계속 서서 일하고 잠깐이라도 앉으면 뭐라고 했어요.

쉴 수 있는 시간이 없었던 게 제일 힘들었죠. 같이 일한 친구가 냉동 창고 정리를 했어요. 남자애였는데, 개도 힘든 일을 하다 보니 몸살이 나서 일주일 정도 못 나왔거든요. 그럴 수 있잖아요. 근데 그 친구가 하던 일까지 제가 다 한 거예요. 그 일주일이 정말, 너무 힘들었어요.

학교의 통제, 일터의 통제

학교를 나오고 집에서 독립한 서정이에게는 자립할 수 있을 만큼 수입이 보장되는 일터가 절실했다. 그러나 어렵게 찾은 첫 일터는 앞으로 서정이가 만나게 될 일터의 전형을 보여 주는 듯했다. 낮은 시급, 엄청난 노동 강도, 함께 일하는 동료 간의 위계 구조, 그리고 그 위계의 최하층을 차지하는 알바에 대한 하대와 차별 등은 어디에서나 크게 다르지 않았다.

매니저가 그랬어요. 자기들은 좀 더 쉬운 일, 편한 일을 하고, 힘든 일은 아무래도 알바한테 시킨다고. 예를 들어 튀김기 기름 가는 일, 하수구 청소나 설거지나 그런 일들을 우리가 한단 말이에요. 제가 하면서 "이거 너무 힘들어요. 매니저님이 좀 도와줘요" 그랬더니 "싫은데. 하기 싫으면 너희가 매니저 해" 이러는 거예요. 내가 일했던 데뿐만 아니라 다른 패스트푸드점도 다 그래요. 직급을 나눠서 윗사람이 계속 아랫사람을 부리게 하는 것 같아요.

서정이가 일한 패스트푸드점에서는 매니저가 사업주 대신 노동자를 관리했다. 노동자를 관리할 책임을 '위임'받은 매니저 역시 노동자이지만 관리 시스템은 사업주의 이익만을 위해 일하도록 짜여 있다. 외식 서비스 사업의 경우 알바를 경력에 따라 등급을 달리하는 랭크Rank제도를 두어 시급을 달리 책정하거나 선호하는 근무 시간대를 선택할 수 있도록 하고 있다. 이는 숙련이 필요한 외식 서비스 사업장 내에 위계구조를 만들어 노동자 관리와 통제를 쉽게 하기 위함이다. 더 나은 등급으로 올라가면 좀 더 많은 시급을 받고 좀 더 편한 일을 골라 할 수 있는 '특권'을 누릴 수 있다는 기대감은 노동자의 충성도를 높이고 부당함도 알아서 견디게 한다. 패스트푸드점이 첫 직장인 서정이의 경우 가장 낮은 등급에 해당했다. 일하는 동안 높은 등급에 해당하는 동료 알바나 매니저가 시키는 일이 아무리 부당해도 어쩔 수 없이 감당해야 했을 것이다. 사업주는 빠져 있고 노동자들끼리 서로 감시하고 통제하는 시스템을 겪으며 서정이는 무섭다는 생각이 들었다.

위계를 나눠서 같은 노동자끼리 통제하게 한다는 게 무서웠어요. 어떤 식이냐면, 매니저 중에 나이 어린 여성이 한 사람 있었는데 알바들에게 늘 심하게 뭐라 하는 거예요. 막 무섭게. 지금 생각해 보면 이렇게 알바 관리를 잘하고 있다고 보여 줘서 무시당하지 않으려고 더 그랬나 봐요. 매니저가 다른 알바들한테 못되게 굴 때는 밉고 화나기도 해요. 근데 그 사람도 다른 알바랑 똑같이 하루 12시간씩 일하고, 주말에도 못 쉬거든요. 그렇게 힘들게 일하는데도 월급 받는 거 보면 140~150만 원 정도? 사실 그 매니저도 거의 최저임금 수준인 거죠.

노동자들 사이에 위계를 나누어 서로 통제하게 하는 것이나 정규직과 비정규직으로 나누어 처우를 달리하는 것은 노동자들의 연대를 가로막는 장치로 작동한다. 그렇게 구조의 문제가 노동자 사이의 개별적인 관계의 문제로 숨어 버리고 나면 '저 사람들도 참 안됐구나' 하는 쓸쓸한 연민만 남게 된다. 무엇이 문제인지는 알겠는데 그 문제에 덤빌 힘조차 나지 않는 지경이 되는 것이다.

거기에서 일하다 다친 적이 많았어요. 진열하다가 손을 베이기도 하고, 조리하다가 불에 데고, 미끄러지거나 넘어지는 경우도 많죠. 창고 정리할 때 자재 꺼내다가 떨어져서 머리에 맞은 적도 있고……. 그렇게 다치는 게 산재라는 걸 알았지만 어떻게 해야 할지 몰랐거든요. 근데 언젠가 매니저가 일하다 다친 적이 있었는데 그

때도 위에서 아무 조치를 안 해 주는 걸 보고는 어느 정도 포기를 했던 것 같아요. 뭔가 계속 요구하는 게 매니저한테도 미안하더라고요. 혹시 불이익 받을까 봐.

서정이는 자기 같은 초짜 알바와 정규직 매니저의 관계가 일반 학생과 완장을 찬 학생회 간부나 선도부의 관계와 흡사하다고 생각했다. 학교와 일터를 움직이는 힘이나 구성원을 통제하는 방식이 별반 다르지 않다는 것이다. 게다가 학교가 길러 내는 '말 잘 듣는' 사람이 결국 말 잘 듣는 노동자를 길러 내는 과정이기도 하다는 점을 서정이는 예리하게 간파했다. 학교에서 강조되는 규율은 일터에서 강조되는 규율과 다르지 않았다.

그걸 이미 학교에서 하고 있잖아요. 선도부를 통해서. 학교의 진짜 역할은 말 잘 듣는 노동자를 길러 내는 것 같아요. 결국 말 잘 듣는 학생이 말 잘 듣는 노동자가 되는 거잖아요. 학교를 제대로 졸업해야 정규직이 될 수 있고, 자격 조건 좋은 노동자가 되고, 좋은 데서 일할 수 있는 거니까요. 근데 소위 말하는 '중도 탈락'한 저 같은 학생들은 파견직이나 비정규직밖에 못 하고 여러 여건상 정규직은 생각도 못 하거든요. 잘 순응하고 적응한 학생들은 그나마 안정적인 일자리에 도전이라도 할 수 있겠죠.

'말 잘 듣는 여자애'가 아닌 '홍서정'으로 살기

살을 에는 겨울 찬바람만큼이나 마음에 상처를 남긴 첫 일터를 그만둔 후 서정이는 한동안 일을 구하지 못했다. 어렵게 만난 두 번째 일터는 동네 병원이었다. 임금도 내세울 게 없고, 함께 일했던 동료와의 관계도 최악이었던 패스트푸드점과 분위기부터가 달랐다.

두 번째 일했던 곳이 이비인후과예요. 원장님, 사모님, 직원 언니 이렇게 있었는데 사람들이 잘해 주고 분위기도 좋았어요. 원래 진료 보조 일을 하던 간호조무사가 야간 대학에 다녀서 4시면 퇴근을 하게 되니까 알바를 구한 거예요. 병원이 오후 2시부터 4시까지 바쁘거든요. 전 2시부터 6시까지 4시간 동안 진료 보조를 했어요. 석션이나 이런 기구 뽑아서 갖다 주고, 면봉에 약 묻혀 주는 거. 환절기엔 손님이 많으니까 좀 힘들었지만, 여름에는 하루에 20명도 안 올 정도로 한가하고 편했어요.

첫 일터에 비하면 이비인후과 진료 보조는 꽤 마음 편한 일자리였다. 패스트푸드점에서 시키는 대로 온갖 일을 했던 것에 비하면 자기 업무가 확실히 정해져 있으니 한결 여유롭게 일할 수 있었다. 일하는 내내 친절하게 잘 대해 주는 동료들도 있었다. 청소년 노동자들에게 워낙 무시가 일상화돼 있었기 때문일까. 서정이는 사람이면 받아야 할 마땅한 대접을 받은 것뿐인데 '신분이 상승한' 느낌이 들었다고 했다. 그러나 하루 4시간 노동으로는 생활을 꾸려 가기가 쉽지 않았다.

처음에는 의료 용어를 외우기가 힘들었는데 한 달쯤 일하니까 익숙해지더라고요. 그때가 패스트푸드점 그만둔 지 몇 개월 지난 후였잖아요. 좀 웃기게 들릴 수도 있겠지만, 뭔가 신분 상승한 느낌이 드는 거예요. 사람들이 예전 일터처럼 무시하지 않으니까요. 거기서 정말 계속 일하고 싶었어요. 그런데 하루 4시간밖에 일을 못 하니까 돈을 너무 조금 받아서 그만두게 됐어요.

고분고분 말 잘 듣는 여자애

서정이가 이후 옮긴 일자리는 대부분 콜센터, 텔레마케팅, 휴대전화 통신 판매 알바였다. 콜센터와 텔레마케팅 업무 등은 대부분 위탁 운영되고 있다. 위탁받아 운영하는 업체에 '직접' 고용된 정규직이라고 하지만, 위탁한 기업과의 계약에 따라 노동 조건이 좌지우지되기 때문에 사실상은 간접 고용 비정규직이라고 봐야 한다. 서정이가 일한 곳도 말만 정규직이었지 4대 보험도 가입해 주지 않았고, 회사 사정에 따라 2~3일 만에 해고해 버리는 불안정한 일자리였다.

전화해서 물건 파는 아웃바운드 콜센터, △△대리점 인바운드 텔레마케팅, 그다음에 한 일은 겨우 2~3일 해서 말하기 뭐한데, ◇◇보상지원센터에서 전화해서 휴대전화 파는 거였어요. 지금은 지하철 퀵서비스 회사의 콜센터에서 사무 업무랑 전화 업무를 보고 있어요. 정규직이 아닌 알바예요. ◇◇보상지원센터와 △△대리점 두 곳은 자기들 말로는 정규직이라고 하는데 4대 보험도 안 되고 정규직 같지 않았어요. △△에서는 금방 해고됐어요. 정규직은 쉽게 못 자르는 줄 알았는데 그것도 아니었어요.

콜센터 일은 전화로 상담하고 물건을 팔거나 상품 문의에 응대해야 하는 업무이기 때문에 특성상 감정노동으로 인한 스트레스가 심한 직종이다. 서정이에게는 나이 어린 여성 노동자를 대하는 사업주와 동료들의 태도에서 오는 스트레스도 컸다. 서정이는 사업주가 나이 어린 자신을 뽑으면서 고분고분 말 잘 듣는 애를 기대했을 거라고 말했다. 청소하라면 하고, 커피 타 오라면 타 오고, 뭐든 하라는 대로 따르는 순종적인 어린 여성 노동자. 그런데 서정이는 부당한 업무 지시에 싫다는 의사를 분명히 드러냈다. 그리고 업무 능력과는 무관한 이유로 △△대리점에서 3개월 만에 해고됐다.

△△대리점은 임금을 시급으로 계산했던 곳이었어요. 3개월 만

에 잘렸어요. 사장이 자르겠다고 하면서, 어린데도 돈을 똑같이 주면 알아서 더 열심히 일할 줄 알았는데 아니었다고 했어요. 노예처럼 부려 먹으려고 뽑았는데, 좀 데리고 있어 보니까 노예처럼 일하지 않았던 거죠. 처음에 커피 타는 것도 시키고 청소도 시키고 그랬어요. 열여덟 살이니까 이런 걸 다 시키려고 뽑았나 보다 했죠. 근데 계속 싫다는 의사를 비치니까 잘랐나 봐요.

여성에게 강요되는 외모와 복장에 대한 규제도 심했다. 노동자의 외모와 복장을 규제하는 것은 대개 업무의 효율성이나 안전성 확보와는 무관하다. 거기에는 그 기업을 대표하는 이미지를 만들어 가치를 높이는 동시에 노동자를 통제하기 쉽게 길들이려는 의도가 깔려 있다. 일부 서비스업종에서 유니폼을 착용하게 하고, 여성의 경우 립스틱 색깔을 포함한 화장 방법, 머리 모양과 색깔, 치마 길이, 신발 굽 높이, 손톱 길이와 매니큐어 색깔까지 하나하나 규제하는 것도 다 이런 맥락이다. 여기에 노동자 개인의 취향이나 선택은 끼어들 틈이 없다.

매장이 빌딩 숲에 있어서 엄청 추웠단 말이에요. 걸어가면 바람에 유니폼 모자가 벗겨질 정도로 추웠어요. 게다가 난방 온도 규제가 있어서 실내라고 따뜻하지도 않았거든요. 그 겨울에 우리는 반소매 유니폼을 입고 일했어요. 너무 추운 거예요. 위에 다른 거 입으면 안 되느냐고 했더니 안 된다고 해서 냉장 창고 청소를 할 때도 반소매 입고 했어요.

거기다 꼭 까만색 바지에 까만 신발을 신으라는 거예요. 그때는 정말 집 나온 초기라 돈이 없었거든요. 머리망이랑 까만 신발이랑 이런 걸 내 돈으로 사야 했어요. 그래서 사서 신고 갔는데 그 신발에 하얀색이 약간 섞여 있다고 또 안 된다는 거예요. 완전 새까만 거라야 된다고. 그래서 또 샀어요. 사실 계산대에 서서 일을 하니까 신발은 보이지도 않고 고객도 신경 안 쓰는데 그게 규정이라고 따라야 한대요.

상식적으로 이해되지 않는 두발·복장 규제도 서정이에게 학교를 떠올리게 했다. 학교에서 이루어지는 두발·복장 규제처럼, 일터에서의 두발·복장 규제 역시 노동자 통제의 맥락이 크다. 자기 몸에 대한 결정권과 선택권이 사라진 자리에서 존엄을 요구하고 일터의 변화를 요구하는 목소리가 터져 나오기는 힘들다. 1987년 노동자대투쟁에서도 노동조합을 만든 노동자들의 주요 요구가 두발자유였다는 것을 생각하면, 자기 몸에 대한 자기결정권 확보가 노동자의 존엄을 확보하고 노동 조건을 변화시키는 데 필수적임을 알 수 있다. 서정이는 학교 문화부터 변해야 일터에서 자기 의견을 표현할 수 있는 노동자가 만들어질 수 있다고 생각했다.

학교에서도 교복을 입히고 머리 모양을 통제하고 자기 생각을 자유롭게 말하지 못하게 하고 집단행동도 못 하게 하잖아요. 그런 게 노동자들의 현실이랑 똑같다고 생각해요. 그래서 일터에서 노동자들이 권리를 확보하려면 노동인권교육도 중요하지만 학교에서의 교육이나 규범, 문화 같은 게 변해야 할 것 같아요. 학교에서 하라는 대로만 하고 고분고분 살다가 사회에 나왔다고 해서 갑자기 확 바뀌는 건 아니니까요.

서정이와 같은 여성 청소년들은 고유한 업무를 맡거나 업무에 따른 능력을 인정받거나 하는 경험이 드물다. 거기에다 청소나 차 접대와 같은 부가적인 업무가 맡겨지는 경우가 태반이다. 안 그래도 우리 사회에서 청소년은 만만한 존재로 여겨진다. 여성의 경제활동 참가율이 50%를 넘어서고 있다고 해도, 여성들에게는 주로 언제 잘릴지 모르는 불안정한 일자리가 주어진다. 이런 현실에 여성이면서 청소년이고 노동자라는 3중의 약자성을 지닌 서정이가 놓여 있다. 사업주, 매니저, 고객, 심지어 동료들도 젠더 권력은 물론 지위 권력에서 앞서 있는 존재들인 경우가 많다. 서정이는 '여직원'이었고 어렸다. 서정이는 자기를 '만만한 존재'로 바라보는 시선과 자기에게 요구되는 성 역할, 재미있지도 않은 '농담'들에 대한 거부감이 컸다.

△△대리점은 사실 제가 제일 싫어하는 '가족 같은 분위기'의 회사였어요. 가족 같은 분위기라는 게, 가족처럼 허물없이 막 부려먹겠다는 이야기가 아닌가 싶어요. 명절에 친척 집에 가면 정말 오랜만에 보는 별로 친하지도 않은 어른들이 막 만지면서 "와~ 많이 컸네. 시집가도 되겠다. 수저 좀 가져와라" 이러잖아요. 특히 △△대리점에서는 절 직원이라고도 안 부르고 '여'직원이라고 불렀거든요. 자기들끼리 막 그런 얘기를 해요. 강남역에 가다가 여자 연예인을 봤는데 다리가 예쁘다 어쩌다 막 이런 얘기. 그러다 날 보더니 다리가 좀 굵어서 그렇지 서정이도 예쁘다고 그러고. 어느 날은 치마를 입고 갔더니 누구 보여 주려고 그렇게 입고 왔느냐고 그러기도 하고. 되게 기분 나쁘고, 이런 게 성희롱이구나 싶었어요. 그래서 "저는 그런 농담 재미없는데요" 했더니, "뭘 또 이런 거 가지고 그러냐"고. 처음엔 좀 당황하나 싶었는데 제가 지적한 것만 조심하고, 비슷한 맥락의 얘기를 계속하는 거예요. 그럴 때마다 '내가 어린 여자라 이런 취급을 당하나?' 하는 생각이 들었죠.

위장, 그리고 변화

서정이는 몇 군데 일터를 겪으면서 '내가 청소년이 아니면 부당한 일을 그래도 좀 덜 겪지 않을까' 하는 생각을 하게 됐다고 했다. 그래서 아는 사람의 명의를 빌려 신분을 위장한 뒤 일자리를 구했다. 나이를 올리자 구할 수 있는 일자리가 늘어났고 일터에서 호칭이 바뀌었다. 호칭이 바뀌니 대하는 태도도 달라졌다. 서정이는 나중에 신분을 위장한 게 탄로 나 문제가 생기는 위험보다 모욕적인 상황을 피할 수 있는 현재의 불안이 더 만족스럽다고 말했다.

지금 일하는 데서는 제가 청소년인 줄 몰라요. 아는 사람의 명의를 빌렸어요. 지금은 스물세 살. 어리고 말 잘 듣는 여자애, 더는 그런 취급을 받고 싶지 않았거든요. 그리고 알바도 좀 더 쉬운 걸 구하고 싶었어요. 지금 일하는 곳에서는 정말, 나이가 다르니까 받는 대우도 달라요. 전에 일했던 데서는 다 막 "누구야, 이것 좀 해" 이렇게 말했거든요. 근데 여기서는 '누구 씨'라고 불러요. 신분 위조는 물론 불편하지만, 청소년으로 일하며 받는 부당한 대우보다 훨씬 감당할 만하다고 생각했어요. 사실 거짓말이 거짓말을 부른다고 하잖아요. 아무래도 일하는 게 불안하고 겁나기도 해요. 내 이름으로 할 수 있다면 하고 싶지만, 그랬다면 이 정도 일을 구하지도 못했을 것 같고 지금보다 훨씬 만만한 존재로 취급받았을 테니까요.

신분 위장은 청소년 노동자가 취할 수 있는 재기 발랄한 자구책이기는 하지만 임금 체불과 같은 부당한 일을 겪었을 때는 오히려 걸림돌이 될 수 있다. 그럼에도 서정이가 이런 방법을 택한 것은 취할 수 있는 이점도 많고, 노동법에 따른 권리 구제 절차를 밟을 일도 없을 거라고 생각하기 때문이다. 노동법이 아무리 노동자의 권리를 보장하고 있다곤 해도 현실에서는 그 법이 제대로 작동하지 않는다는 걸 서정이는 주변의 청소년 노동자들을 보아 알고 있다. 일터를 나왔는데 사장과 다시 마주치는 것도 싫었다.

물론 스물세 살이라고 해도 정규직으로 어디를 들어갈 수는 없어요. 애써 봐야 알바밖에 할 게 없죠. 그래도 좋은 점이 더 많아요. 부모 동의서도 안 내도 되고. 나중에 계약상 문제가 생기거나 임금을 못 받게 되거나 해서 법적으로 뭔가 따져야 할 때 대응은 못 하겠죠. 그걸 포기한 거예요. 사실 지금까지 일했던 데서 떼인 돈이나 부당하게 침해받은 일들, 법적으로 걸 수 있는 것들이 많은데, 한 번도 시도해 본 적이 없어요. 대응할 수 있다는 걸 알면서도 그 사람들하고 나중에 노동청에서 마주쳐야 한다는 게 싫고······.

현행 법률에서 만 18세 미만인 청소년 노동자가 일을 하기 위해서는 서면으로 보호자(부모나 후견인) 동의서를 제출해야 한다. 노동법상 만 15세 이상이 되면 자기가 판단해서 일을 할 수도 있고 임금도 직접 받을 수 있는데 유독 일을 시작할 때만 보호자 동의서가 있어야 한다는 게 서정이는 납득되지 않았다. 보호자 동의서가 없어 면접에서 떨어진 경험까지 있다 보니 더더욱 불합리한 제도라는 생각이 들었다고 한다. 서정이처럼 일찌감치 독립해서 생활하는 청소년이나 보호자와 연락이 닿지 않는 청소년에게는 이 보호자 동의서가 오히려 청소년의 일터 진입과 자립을 막는 이상한 장벽이 되고 있는 셈이다.

난 부모의 것, 부모의 소유물이 아니잖아요. 노동을 할지 말지는 내가 정할 문제고 내 의지로 노동하는 건데 그걸 왜 굳이 부모한테 동의를 받아야 하는지도 모르겠어요. 부모 동의서 때문에 면접 봤다가 떨어진 적도 있어요. "좋네요. 그럼 언제부터 출근하실 수 있어요?" 그래서 "내일부터 되는데요" 그랬더니 "아, 그래요? 근데 나이가 어떻게 돼요?" 이래요. 그래서 "열여덟 살이에요" 했더니 "음. 그럼 부모 동의도 해야 하고, 좀 힘들겠네요" 이런 적이 있거든요. 아빠한테 말하면 써 주긴 했겠지만, 시간 내서 따로 만난다는 것도 좀 그렇고, 바로 다음 날 가져오라고 해서 안 하겠다고 했어요. 그 후에 몇 군데는 위조해서 냈어요. 집은 나왔는데 이런 문제로 자꾸 부모에게 부탁하는 것도 그렇고.

신분을 위장하는 것만으로 서정이가 당했던 나이 차별이 한순간에 사라지지는 않았다. 한 살이라도 많으면 손윗사람 대접을 해야 하고, 나이가 어린 사람들은 당연히 나이 많은 사람이 시키는 대로 따라야 한다는 통념이 쉽게 바뀌지 않기 때문이다. 일터에서의 여성의 위치, 나이에 따른 위계가 크게 달라지지 않는 한 나이 어린 여성의 처지는 더 취약해질 수밖에 없을 것이다. '사장이 될 것도 아닌' 서정이는 온갖 허드렛일과 잡일이 몽땅 자신의 차지가 되는 상황이 어쩔 수 없는 것 같다고도 했다.

어쨌든 지금 일하는 데도 동료들의 나이가 저보다 많거든요. 제가 제일 막내예요. 그게 참 개 같아요. 어우~, 진짜 싫죠. 나이 많은 사람에게 언니, 오빠라고 부르거나 팀장님, 실장님 이렇게 부르고. 사장님이 커피 타 오라 하면 싫은데 "네~" 하면서 해야 하고, 하다못해 식사하러 가도 수저는 내가 놓아야 하고. 꼭 내 일이 아닌 것까지 몽땅 내 차지가 되는 상황이 참 많아요. 어쩔 수 없는 것 같기도 해요. 돈 벌고 살려면. 그런데, 이런 더러운 기분이 내가 나이를 더 먹는다고 해서 달라지지는 않을 것 같더라고요. 더 나이를 먹으면 막내에서 벗어나기는 하겠지만, 혹시 남성이라면 약간 달라질 수 있을까요? 제가 아무리 잘돼도 파견직, 비정규직으로 일할 거 아니에요. 사장이 될 것도 아니니까.

서정이는 지금 퀵서비스 주문을 받고 안내해 주는 콜센터에서 일하고 있다. 지금 일하는 콜센터는 얼굴도 모르는 사람에게 전화를 걸어 온갖 모욕을 견디며 상품 구매를 유도해야 하는 부담은 없다. 분 단위로 모니터를 하며 노동자를 감시하고 실적에 따라 징계를 하거나 보수가 달라지는 곳도 아니다. 직접 대면해야 하는 사람들이 많지 않고 개인 공간이 확보되어 있기도 하고 잠깐씩 쉴 여유도 있는 곳이라 상대적으로 만족하는 일자리라고 했다. 콜센터가 감정노동의 상징처럼 여겨지고 가끔씩 낯모르는 사람에게 험한 말을 들어야 하는 부담도 있어 오히려 패스트푸드점보다 고되지 않을까 생각했지만 서정이는 지금 일하는 곳에서 인간적으로 대우받는다고 느끼고 있었다. 2년 동안 여섯 군데나 되는 일터를 옮겨 다니면서 기대치가 많이 낮아졌기 때문인지도 모른다.

사실, 지금 일하는 곳도 그렇고, 콜센터가 참 괜찮아요. 보통 콜센터에 대한 얘기를 하면 감정노동이 심할 것 같다고 생각하잖아요. 근데 저는, 처음 알바했던 패스트푸드점은 감정노동과 육체노동을 동시에 하면서 돈도 조금 받는 데 비해, 콜센터들은 감정노동을 하지만 앉아서 일하고, 좀 쉬어 가면서 일해도 되고, 커피도 마실 수 있고 해서 좋더라고요. 돈도 첫 일터보다는 많이 주고 인간적으로 대우받는다는 느낌을 받고 있어요. 물론 고객들한테는 아니지만.

서정이는 지금 일하는 곳에서 하루 8시간을 일하고 월급

100만 원 남짓을 받고 있다. 점심시간이 따로 없어 점심은 배달시켜 먹는다. 밥을 먹으며 전화를 받느라 체할 때도 있지만 지금까지 거쳐 온 일터 중 가장 안정적인 일터라고 느낀다. 급여는 적지만 오랫동안 일하다 보니 수입이 안정돼 지출 계획도 세울 수 있고, 출퇴근 시간이 일정해 퇴근 후 시간도 안정적으로 활용할 수 있다.

지금 일하는 곳은 급여를 월급으로 주는데 시급 6천 원에 아침 9시부터 저녁 5시까지 일해요. 근데 점심시간이 없어요. 저도 처음에 깜짝 놀랐어요. 식사를 거기서 사 주거든요. 배달시켜 주면, 일하면서 먹는 거예요. 그 시간은 일한 시간으로 쳐 주긴 하는데 그래도 힘들긴 해요. 가끔 체하기도 하고. 이렇게 한 달 일하면 100~108만 원 사이로 들어와요. 물론 적죠. 많이 주면 더 좋지만 지금도 괜찮은 것 같아요. 답답해도 지금으로서는 구할 수 있는 곳 중에 가장 나은 곳 같아요. 집에서도 가깝고 일 끝난 후에 걸어서 신촌에도 갈 수 있고, 저녁 일정도 무리 없이 잘 갈 수 있고요.

청소년 노동자도 노동자다

서정이는 일하는 청소년으로 살면서 다른 노동자들의 노동에 빚지고 살고 있다는 것을 알게 되었다. 어떤 노동도 하찮게 대해서는 안 되겠다는 생각도 갖게 되고, 세상을 움직이는 노동자의 힘도 느꼈다. 그러나 정작 서정이가 지금 하고 있는 알바를 긍정하기는 어려웠다.

　일을 해 보니까 노동이 참 대단한 거구나, 정말 노동은 위대하다 싶은 거예요. 저 같은 아르바이트 노동자뿐만 아니라 택시 기사분들, 이 건물을 지으신 분들, 경비분들까지 다 노동자잖아요. 세상이 여러 사람의 노동으로 굴러가는구나, 그래서 노동은 정말 중요하고 가치 있는 거구나 하는 것, 정말 우리가 없으면 세상이 굴러가질 않겠구나, 노동자가 멈추면 세상도 멈추겠구나 하는 걸 느꼈어요. 근데 알바는 하고 싶지 않아요. 아니 정확하게 말하면 노동을 한다는 것 자체는 괜찮고 좋은데, 평등한 관계에서 일할 수 있다면 더 좋겠다는 말이죠.

서정이는 나이가 많거나 적거나, 정규직이거나 비정규직이거나, 성별이 무엇이든 관계없이 좀 더 평등한 관계에서 일할 수 있는 일터를 꿈꾼다. 부러 신분을 '위장'하지 않아도 존엄이 보장되는 일터 말이다. 그래서 서정이는 그저 일터를 견디기만 해서는 안 된다고 생각했다. 우리가 멈추면 세상이 멈추지 않을까, 청소년 노동자들이 모여 노동조합을 만들고 광장에서 파업을 벌이면 어떨까 하는 상상을 해 보는 것만으로 서정이는 힘이 나고 즐거워졌다.

처음 알바를 시작한 게 2012년 11월쯤이에요. 알바를 하면서 너무 힘들어서 일하는 다른 친구들이랑 "노조밖에 없다. 우리 꼭 청소년 노조 하자" 이랬거든요. 우리가 상상했던 게 있어요. 일하는 청소년들이 모여서 노동조합을 만들고, 우리끼리 시청광장을 점거하고 시위하고, 한날한시에 파업하고 그럼 멋지겠다. 막 이러면서. (웃음) 청소년은 늘 하찮거나 없는 존재로 취급받고, 노동은 청소년에게 유해하다는 인식이 팽배하지만, 사실은 '청소년 노동자인 우리가 이 사회 안에 같이 살고 있고, 또 우리가 일하고 있기 때문에 세상이 이만큼 굴러가고 있다. 우리가 멈추면 너희도 멈춘다. 우리도 노동자다!' 하고 외칠 수 있다면 얼마나 좋을까 싶었죠.

서정이는 친구들과 함께 만들 청소년 노동조합이 수평적이고 민주적이었으면 좋겠다고 생각했다. 일터에서 경험한 나이 차별과 성차별이 노동조합 안에서도 되풀이되기를 원치 않기 때문이다. 그러나 노동조합을 만들기란 쉽지 않았다. 일을 하면서 무언가를 병행하는 것은 많은 의지와 체력을 필요로 했다.

학교에서도 뭔가 문제 제기하고 의견을 말하는 게 쉽지 않은데 일터에서는 더 힘든 거 같아요. 게다가 청소년이다 보니 비청소년들하고는 다르게 할 말 하면 어린 게 예의 없다는 소리까지 들어야 하잖아요. 그래서 노조가 꼭 필요하다고 생각했어요. 특히 저는 정말 평등한 관계, 조직 안에서도 나이 차별 없고 위원장이든 평조합원이든 위계질서 없는 그런 노동조합을 만들어 보고 싶었어요. 수평적이고 정말 민주적인 노동조합이요. 근데 뭔가 하고 싶은 활동이 있어도 일하면서 하기가 진짜 힘든 거예요.

서정이가 꿈꾸던 청소년 노동조합은 결국 만들어지지 못했다. 서정이와 그 친구들이 끈기가 없거나 무책임해서가 아니다. 다양한 사회적 자원망이 부족한 청소년들이 자기들의 노동 문제를 중심으로 당사자 조직을 만드는 일이 쉽지 않기 때문이다. 그러나 앞으로 더 많은 시도가 있을 것이다. 자기가 겪은 노동 문제를 자신들의 목소리로 풀어내고픈 이들은 끊이지 않을 테니까.

서정이가 겪은 노동 경험은 십 대이자 여성인 노동자들이 함께 겪고 있는 문제이기도 하면서 그중 일부에 불과하기도 하다. 지금껏 우리 사회는 여성 청소년의 다양한 노동 경험에 별달리 주목하지 않았다. 나이에 따라, 부모의 경제적 지위에 따라, 가족과의 동거 여부에 따라, 학교를 다니는지 여부에 따라 혹은 사는 지역에 따라 공식·비공식 부문에서 일하고 있는 여성 청소년이 경험하는 노동 조건은 사뭇 다를 것이다. 더구나 우리 사회에서 '집을 나온다'는 것은 여성 청소년과 남성 청소년에게 다른 경험이 될 수밖에 없다. 더 많은 '서정이들'의 노동 조건을 바꿔 내기 위해서는 먼저 그들의 노동을 제대로 파악하는 일부터 시작해야 한다. '서정이들' 스스로가 자신의 노동 경험을 말하면서 모임을 만들고 사회의 변화를 요구할 수 있는 시절은 어느 날 갑자기 기적처럼 오는 것이 아닐 테니까.

두리번 두리번

청소년 노동 관련 조직은 무엇이 있을까?

바로 지금, 이곳에, 없는 사람 취급을 받고 있지만 '보란 듯이' 일하고 있는 청소년들이 있다. 하지만 청소년이라는 그 제한된 시간 때문에 어려워도 너무 어려운 게 바로 청소년 노동자의 당사자 운동과 당사자 조직이다. 그럼에도 불구하고 당사자들의 목소리를 담은 운동은 끊이지 않고 있다.

그 시작은 아마도 '알리바바'일 것이다. 2006년부터 2012년까지 활동했던 청소년인권활동가네트워크에서 2008년, 노동팀(상반기)과 노동빈곤팀(하반기)을 꾸리면서 청소년 노동인권에 대한 관심과, 노동과 빈곤을 열쇳말 삼는 청소년 당사자 운동에 대한 고민이 싹텄다. 그리고 2010년, 일하는 청소년의 인권을 찾기 위한 노동빈곤팀 '알리바바(알바 권리, 바로 내가, 바로 지금)'가 본격적으로 활동을 시작했다. 일하는 청소년이 많은 관악과 구로 지역을 중심으로 활동한 알리바바는 88만원세대에서 반토막 난 死死만원세대 청소년 노동자들을 만나면서 최저임금 인상에 대한 서명을 진행하고, '최저임금 인상을 요구하는 청소년 노동자들의 선언'을 채택, 한 달에 한 번 거리에 나가 직접 행동을 하는 등 다양한 활동을 펼쳤다.

청소년인권활동가네트워크의 해소와 함께 알리바바는 사라졌지만, 청소년들의 노동 환경을 '다르게' 변화시키기 위해, 청소년이 노동과 부딪힐 때 좀 더 강한 힘으로 맞설 수 있도록 지원하고자 하는 조직과 단체들은 아직도 조금조금 활동을 이어 가고 있다. 여기에 소개하는 조직과 단체에는 청소년 노동자 당사자들이 만들고 운영하는 곳도 있고, 청소년 당사자들의 역량을 강화하기 위한 교육, 상담, 조사 연구 등의 활동을 이어 가는 비청소년들의 조직도 포함돼 있다.

★ 청소년의 노동인권을 개선하기 위한 교육 활동, 정부/지자체/교육청의 정책 개선 활동에 관심 있다면

청소년유니온 blog.naver.com/youth1524
청소년유니온은 2014년 2월 출범한 청소년들의 노동조합이다. 만 15세부터 24세 청소년이라면 누구나 가입할 수 있다. 청소년 노동인권교육 및 청소년 아르바이트 실태 조사를 진행했고, 청소년 노동자의 노동 환경을 개선하기 위한 다양한 쟁점을 만들고 있다.

★ 지금 알바를 하고 있는데, 열불이 나서 뭔가 직접 행동을 하고 싶다면

알바노조(청소년 분회)alba.or.kr
"최저임금을 1만 원으로~!"를 외치며 2013년 여름 출범한 알바 노동자들의 노동조합. 대기업 프랜차이즈와 단체교섭을 진행하고, 알바 중개 사이트의 구인 공고에 근로 조건(휴게시간, 임금, 근로 계약서 서면 교부, 4대 보험 가입 사실, 퇴직금 등 지급 명문화)을 명시할 것을 요구하는 등 알바 노동자의 실질적인 처우를 개선하기 위한 활동을 추진한다.

★ "청소년도 온전한 사람이다" 청소년의 인권을 알고 행동하고 싶다면

청소년인권행동 아수나로cafe.naver.com/asunaro
현재 유일한 전국 단위 청소년인권운동단체로 학교, 가정, 일터에서 겪는 청소년인권 침해 문제에 대해 적극 대응하고 있다. 청소년인권을 사회적이고 정치적인 문제로 인식하고 행동하며 아수나로 안에서의 평등한 관계도 추구하고 있다.

★ 청소년 노동인권교육이 필요할 때, 알리고 싶은 일이 있을 때, 그 밖에 도움이 필요할 때

청소년노동인권네트워크cafe.daum.net/nodongzzang
2005년 《똑똑 노동인권교육 하실래요?》 출간을 계기로 탄생한 전국 단위 네트워크이다. 각 지역별(인천/부천/경기/광주/전북/충남/충북/대구/부산/울산) 네트워크가 독립적으로 활동하고 전국 단위가 함께 1~2년에 한 번 워크숍을 열고 있다. 청소년 노동에 대한 자료와 청소년 노동에 관한 정책 창고이기도 하다. 청소년 노동인권에 대한 다양한 실태 조사를 수차례 실시해 대안을 제안하며, 청소년과 비청소년을 대상으로 하는 청소년 노동인권 교육, 간담회, 상담 등의 활동을 하고 있다.

숨겨진 노동,
숨겨진 권리

...

기초생활수급가정 청소년 경수의 단단한 노동

경수를 처음 만난 것은 1년 전이었다. 기초생활수급가정의 청소년이 경험하고 있는 노동과 삶에 대해 인터뷰하기 위해 어렵게 수소문한 끝에 경수를 만날 수 있었다. 기초생활수급가정의 청소년들은 불가피하게 자신의 노동을 숨겨야 하는 처지에 놓여 있어 인터뷰 대상을 찾기가 쉽지 않았다. 그렇게 만난 경수는 조금 호리해 보이는 체형이었지만 열여덟 살의 나이를 어림할 수 있을 키와 체격을 가지고 있었다. 알콩달콩 연애 이야기나 미래에 대한 소박한 꿈을 내비치는 모습은 여느 또래의 청소년들과 비슷했다. 그렇지만 경수에게서는 고단한 현실 속에서 다져진 단단함 같은 게 묻어나왔다. '아, 어떻게 버텨 왔을까'라는 걱정보다는 '아, 이래서 이 사람은 그 어려운 상황을 헤쳐 왔구나'라는 생각에 젖어 들게 하는 사람, 경수는 그런 사람이었다.

선택하지 않았지만 견뎌 내야 하는 삶, 가족

고등학교 2학년인 경수는 어머니와 어린 세 동생과 함께 살고 있었다. 아버지가 계시긴 하지만 알코올 중독으로 오랜 기간 병원을 들락날락하는 처지였다. 경수는 가족들에게 폭력을 휘두르는 아버지를 단호하게 집에서 내보냈다. 자신과 가족을 지키기 위해서는 그게 최선이라고 생각했다.

중학교 1학년 때부터 아빠가 병원에 입원과 퇴원을 반복했어요. 아빠가 병원에 들어가면 좀 평온해졌다가 병원에서 나오면 저희는 또 도망가고 그랬어요. 그때부터 거의 안 본 거죠. 한번은 아빠가 집에 무작정 들어온 적이 있어요. 그러더니 또 엄마 멱살을 잡고 막 괴롭히는 거예요. 제가 그때 너무 열이 받아서 아빠를 붙잡아 집 밖으로 내쫓았어요. 아빠가 "네가 아빠한테 이러면 안 된다"며 울었어요. 그런데 제가 그랬어요. 우리한테 준 고통을 생각하라고. 지금부터라도 편하게 살게 나가 달라고. 아빠가 없어진 이후로 가족들도 마음의 안정을 좀 찾았죠.

초등학교 6학년 때 아버지가 던진 칼이 경수와 경민이가 앉아 있는 가운데에 꽂혔다. 그날의 충격으로 바로 아래 동생인 경민이는 한동안 소변을 가리지 못해 기저귀를 차고 다녀야 했다. 그런 어린 시절의 상처 때문인지 경민이의 생활은 매우 불안정했고, 중학교 진학 후에도 힘들어하다 결국 자퇴를 결심하게 되었다고 한다. 어머니는 녹내장으로 한쪽 눈이 현재 실명 상태이다. 경수는 이게 모두 아버지 때문이라고 생각하고 있다.

제가 세 살 때부터 맞았어요. 아무 이유 없이. 엄마도 많이 맞으셨고요. 그래서 가족 전체가 아빠를 좀 싫어해요. 초등학교 때까지는 그냥 도망가는 게 대수였어요. 친구네 집이나 바로 윗집으로요. 한번은 교회 간사님이 사 놓은 빈집에 들어가서도 살아 봤어요. 그렇게 힘들게 도망 다녔어요. 엄마는 아빠 때문에 스트레스를 받아서 녹내장으로 왼쪽 눈을 실명했어요. 오른쪽도 시력이 계속 떨어져서 내년 초에 수술을 받아야 해요.

이런 경수네의 뒤틀린 가족사는 아버지의 가족사와 이어져 있었다. 아버지의 가정폭력을 보고 자란 경수의 아버지는 자기 아버지의 모습을 싫어했으면서도 어느새 그를 닮아 갔다. 병원에서의 치료와 재활 과정도 경수 아버지의 삶을 변화시키지는 못했고, 그 바람에 경수네 가족의 생활은 한 걸음의 전진도 더디고 힘겨웠다.

할아버지가 술 먹고 횡포를 부리고 그랬대요. 그런데 할아버지가 그랬다고 아빠도 따라 해야 하는 건 아니잖아요. 그게 싫었으면 저희한테 잘해 주는 게 정상인데, 그런데 그걸 따라 하는 거예요. 몇 번이나 믿어 주고 병원에서 빼 오고 했는데도 안 고쳐지고, 병원에서 퇴원하자마자 술 드시고 오시고. 전혀 변화가 없으시더라고요.

경제생활은커녕 오히려 알코올 중독과 가정폭력으로 가족에게 상처만 준 아버지, 그런 아버지로부터 폭행을 당하며 시력 장애까지 생긴 어머니, 그리고 나이 어린 세 동생들까지……. 가족 안에서 안정된 생계를 꾸려 나갈 수 있는 사람은 사실상 없었다. 결국 경수에게 노동은 스스로와 가족의 삶을 꾸려 나가기 위한 불가피한 선택이었다.

동생 3명에 저까지 합쳐서 지금 집에 애들이 총 4명이에요. 엄마는 일을 할 수 없고, 아빠는 한 푼도 벌어다 주지 않아서 집이 많이 힘들어요. 그래서 제가 일을 해야 해요.

기초생활수급가정, 그리고 경수의 노동

경수네 가족은 기초생활수급가정이다. 국민기초생활보장제도는 가구 소득(소득 인정액)이 최저생계비 이하인 가정에 필요한 급여(생계급여, 주거급여, 의료급여, 자활급여, 교육급여, 해산급여, 장제급여)를 지급하는 제도이다. 그러나 이 제도가 국민의 기초적인 생활을 보장하지 못한다는 비판은 오래전부터 있었다. 실제 형편이 어려워도 수급자가 될 수 없는 가정이 많아 제도의 사각지대가 워낙 크고, 그나마 수급자 가정이 된다 해도 급여 수준도 충분치 못하다. 지나치게 엄격한 부양의무자 기준은 실제 가구 소득이 최저생계비 이하임에도 불구하고 부양의무자가 있다는 이유만으로 수급 자격에서 배제되는 사례를 양산하고 있다. 또한 행정기관이 '자립 지원 원칙'을 명목으로 개인의 근로 능력을 일방적으로 판단하는 근로 능력 판정 기준 역시 많은 문제점을 낳고 있다.

경수네 가족의 삶에서도 기초생활수급제도의 문제가 고스란히 드러나고 있었다. 수급비가 나온다고는 해도 워낙 불충분하다 보니 십 대인 경수까지 생계비 마련을 위해 노동에 나서야 하는 상황이다. 그러나 그런 노동은 '일 같은 일'과는 거리가 멀었다.

생계비는 정말 생계만 유지하기에도 모자라요. 솔직히 (수급제도로) 한 달에 받는 돈은 딱 이만큼인데 막상 빚 갚고 메꿀 거 메꾸고 그러면 남는 게 얼마 안 되니까, 거기서 쪼개 쓰는 게 어렵죠. 그러니까 제가 돈을 벌어 보태면 엄마도 좋고 저도 편해요. 하지만 학교를 다녀야 하기 때문에 정말 일 같은 일을 하기는 어렵고 엄마가 돈 필요할 때 드릴 수 있으면 좋겠다 싶어서 알바를 하는 거죠.

기초생활수급제도에는 '자립 지원의 원칙'이라는 것이 있어 '근로 능력'이 있는 수급자에게는 자활사업체에 참여하는 것을 조건으로 생계급여를 지급하고 그렇지 않으면 그 가구원에게 '추정 소득'을 계산하여 그만큼 생계급여의 일부 또는 전부를 지급하지 않도록 하고 있다. 이런 원칙으로 인해 경수네 생계급여도 삭감되었다. 알코올 중독 치료를 위해 병원에 있던 아버지는 그 기간 동안 근로 능력이 없는 것으로 인정되었는데 아버지가 병원에서 나오자 근로 능력이 있는 가구원으로 분류되어 경수네 가족의 생계급여가 일부 삭감된 것이다.

병원에 있던 아빠가 퇴원하신 후로 생계비가 깎였어요. 아빠는 돈을 벌어다 주지도 않고 오히려 돈을 뺏어 가고, 같이 살지도 않는데 아빠가 있다는 거 때문에 생계비도 깎이고, 되게 빠듯해요. 생계비가 깎인 이후로 관리비 같은 것도 밀리고 휴대전화 요금도 밀리고.

또 그 '자립 지원의 원칙'은 몸이 불편한 어머니에게 자활노동을 강요하기도 한다. 한쪽 눈을 실명한 어머니는 흐릿한 다른 한쪽 눈으로 세상을 대하기도 힘겨웠지만 기초생활수급제도는 어머니에게 근로 능력을 부과하고 자활사업에 참여하도록 사실상 노동을 강제하고 있었다. 이렇게 경수와 어머니에게 근로 능력이란 기초생활수급자격을 유지하기 위한 하나의 징벌과도 같았다.

엄마가 장애가 있잖아요. 몸이 아프신데도 (주민센터에서) 일하라고 하는 거예요. 엄마도 어쩔 수 없이 구청에서 연결해 준 데 가서 요리 자격증하고 뭐하고 해서 자격증을 2개인가 땄어요. 엄마가 되게 열심히 공부했거든요. 잘은 모르겠는데 지금은 유치원 같은 데서 애들 봐 주고 돈 버시는 것 같아요. 엄마가 그렇게 돈 벌면 또 그만큼 생계비에서 깎여요. 만약에 생계비가 100만 원이라 치면 엄마가 버는 돈이 40만 원이에요. 그러면 생계비는 깎여서 60만 원이 나오는 거예요. 저희가 따로 가져갈 수 있는 수입이 있는 것도 아니고, 그건 그냥 몸만 고생하는 거잖아요.

열여섯, '생계형 아르바이트'를 시작하다

경수는 가족의 부족한 생계비를 마련하기 위해 고등학교 1학년 때부터 아르바이트를 시작했다. 경수가 선택한 일은 오토바이 배달이었다. 오토바이 배달 노동은 서빙이나 판매 등 청소년들이 할 수 있는 다른 종류의 일에 비해 그나마 급여가 높은 편이었다.

열여섯 살부터 면허 취득이 가능해요. 근데 제가 생일이 빨라서 3월에 면허를 따고, 그 뒤로 쭉, 시간 나는 대로 짬짬이 아르바이트를 했어요. 배달이 다른 일보다 시급이 세요. 천 원 정도? 천 원 차이가 크지 않을 줄 알았거든요. 근데 몇 시간씩 쌓이니까 차이가 정말 크더라고요. 그리고 시간도 잘 가고. 제가 또 활동적인 걸 좋아해서 오토바이 타는 것도 처음에는 재미있었어요. 그런데 지금은 그것도 질리고 위험도 있고, 이제 안 타고 싶다는 생각이 들어요. 그래도 발 들이고 나면 빼기가 힘든 거죠. 다른 일은 배달 일만큼 돈이 안 들어오니까요.

경수는 평일에 학교를 다니면서도 하루 5시간에서 7시간씩 일했다. 일러야 밤 11시, 늦으면 다음 날 새벽 1시가 돼서야 일이 끝났다. 경수가 일하는 치킨 가게에는 일하는 사람이 닭을 튀기는 사장과 배달을 하는 경수뿐이었다. 평일에도 주말에도 항상 그랬다. 그러다 보니 사장은 경수에게 배달뿐 아니라 설거지, 홀 청소, 홀 서빙, 테이블 정리까지 시켰다. 그런 일을 하다가도 배달 주문이 들어오면 허겁지겁 준비를 하고 가게를 나섰다. 그렇게 고된 하루가 반복되었고 그런 빠듯한 일과는 경수의 다른 일상생활까지 잠식해 들어갔다.

> 학교가 끝난 다음 6시까지 가게에 가요. 퇴근 시간이 정확하지 않아서 11시에 퇴근할 때도 있고, 12시나 1시에 퇴근할 때도 있어요. 홀에 손님이 있으면 집에 못 가요. 홀에 손님이 있는데 배달이 들어오면 사장님이 배달을 나갈 수 없잖아요. 그러니까 홀 손님 나갈 때까지 그냥 계속 있어요. 겨우 끝나면 집에 와서 자고, 아침에 일어나서 7시 반까지 학교를 가요. 또 그 다음 날도 똑같이 반복했어요. 이렇게 사는 게 빠듯하죠. 좀 놀고 싶고 그런데도 시간이 없고 하니까. 11시쯤 좀 일찍 끝나는 날에도 잠깐 친구들 만나고 집에 들어가면 11시 반, 10분 20분 잠잘 준비하고 그러면 새벽 1시예요. 깊은 잠을 잘 못 자요. 아침에 일찍 일어나면 6시. 피곤해요. 그래도 잠깐 잠깐 짬 내서 친구들도 만나고 싶고.

이미 일상이 되어 버린 것일까? 경수는 자신의 고된 일과에 대해 아무렇지 않은 듯 말을 이어 갔다. 하지만 실제 경수가 감당하고 있는 노동의 강도는, 쉼 없이 배달하고 거의 매번 과속을 할 수밖에 없을 정도로 과중한 업무량이었다. 평일에는 10~15분마다, 주말에는 6~7분마다 배달을 나가야 했다. 법에서 정한 최소한의 휴게 시간은 지켜질 리 만무했고 휴일 근무에 지급되어야 하는 휴일노동수당은 사장이 기분 좋은 날 조금 더 얹어 주는 몇 천 원 또는 담뱃값이 대신했다. 또 10시 이후의 야간노동은 어느 순간 경수의 의사와는 관계없이 당연한 것이 되어 버렸다.

> 평일에 많이 나가면 30개, 적게 나가면 10~20개 정도. 그런데 주말에 바쁘면, 가게가 120만 원 정도까지 벌었거든요. 그러니까 치킨이 배달로만 50~60개 나온 건데, 그거 제가 혼자 다 뺀 거거든요. 그렇게 밤늦게까지 일하면 가끔 수고했다고 좀 더 준 적은 있어요. 치킨 구워서 가족이랑 먹으라고 주기도 하고, 담배도 사 주고. 그런데 가산수당이란 건 따로 없었어요.

노동이 '약점'이 되는 사람

경수는 지금 자신의 일을 외부에 공식적으로 밝힐 수 없는 처지에 있다고 했다. 경수의 소득이 드러나 행정기관이 파악하게 될 경우 소득 인정액이 늘어서 기초생활수급자의 수급 자격이 박탈되거나 수급비가 깎일까 하는 걱정 때문이다. 기초생활수급제도의 생계급여가 생계를 꾸려 가기에 턱없이 모자라는 수준이다 보니 경수네뿐만 아니라 다른 기초생활수급가정의 경우에도 부족한 생활비를 마련하느라 추가로 일을 하는 경우가 있다.

그러나 수급비가 그만큼 깎일까 봐 일하고 있다는 사실을 숨길 수밖에 없다. 수급비를 받는 노인이 폐지를 주우면 그 폐지값만큼 수급비를 깎는 게 현재의 제도이다. 노동 소득을 숨겨야 하니 근로 계약서를 타인의 명의로 쓰거나 행정 통계에 잡히지 않는 열악한 사업장에서만 일하거나 통장이 아닌 현금으로 급여를 받는 등의 방법을 찾게 된다. 그렇지 않아도 근로 계약이라는 것이 고용주와의 불평등한 지위에서 불공정하게 맺어지는 경우가 수두룩한데, 행정 감독의 손길이 닿지 않는 사업장의 경우에는 계약 내용이 더욱 왜곡되거나 부당한 조건으로 채워지는 일이 잦다.

경수 역시 행정 기관의 눈에 띄지 않도록 4대 보험이 적용되지 않거나 소득 신고를 하지 않는 일자리를 찾았다. 청소년 사이에서 그나마 노동 환경이 상대적으로 좋다고 입소문이 난 규모 있는 사업장은 관련 규정에 따라 청소년 노동자의 아르바이트 소득에 대해 소득 신고와 4대 보험 취득 신고를 하고 있다. 소득 발생을 숨겨야 하는 경수에게는 그런 일자리가 오히려 진입할 수 없는 담장 너머의 일터가 되었다. 경수는 노동력을 제공한 대가로 정당한 보수를 요구하기에 앞서 행정 절차를 회피해 줄 수 있겠냐는 부탁을 먼저 해야 하는 처지였다. 자신의 약점을 먼저 고백하고 근로 계약을 체결하는 셈이다.

제가 수급자여서 통장으로 받으면 기록이 뜬다고 현찰로 주실 수 있냐고 먼저 물어봐요. 사장님이 보통은 다 해 주시는데 이름 있는 데 있잖아요. ○○○피자나 그런 데는 안 해 주세요. 게다가 또 ○○○피자 같은 데는 (4대 보험을 안 들려면) 일을 못 해요. 그런데 저희가 보험을 들면 소득이 밝혀져서 우리 집의 수급 자격이 박탈된다는 소리를 들었어요. 그래서 자기 이름 말고 다른 사람 이름으로 일했던 친구들이 있어요.

사실 '근로소득공제제도'라는 게 있기는 하다. 기초생활수급 가정 구성원에게 추가 소득이 발생했을 경우 그 일부를 소득 인정액에서 공제해 주는 제도인데, 18세 미만의 학생은 20만 원을, 대학생은 30만 원을 1차로 공제하고 나머지 금액에 대해서 30%를 추가로 공제해 준다. 경수는 이 제도를 전혀 알지 못하고 있었다. 하지만 알았다고 하더라도 경수의 선택이 달라지지는 않았을 것 같다. 경수의 경우만 하더라도 한 달 소득이 공제 대상 금액을 훨씬 넘어서기 때문에 공제 금액 이외의 소득은 수급비의 삭감으로 이어질 수밖에 없다. 물론 소득이 많지 않으면 공제 혜택(?)을 누릴 수 있다. 수급비가 부족해서 돈을 벌어야 하는데 공제를 받기 위해서는 일정액 이상을 벌어서는 안 된다는 이상한 제도다. 그렇다고 원하는 시간만큼만 일하겠다고 하기도 힘들다. 그렇게 일을 시켜 주는 사업장은 많지 않다. 결국 경수는 자신의 노동을 계속해서 숨길 수밖에 없는 처지다.

나의 노동을 숨기면 결국 나의 권리도 숨길 수밖에 없다. 많은 경우 4대 보험에 가입되어 있지 않으면 퇴직금을 요구할 수 없는 줄 알고 있기도 하다. 일하다 다쳐도 산재 보상 신청을 포기하거나, 사업주가 임금을 체불하여도 이를 노동관서에 신고하지 못하는 경우가 많다. 산재나 임금 체불에 대한 조사를 받는 과정에서 기초생활수급자인 사실을 숨기고 일을 했다는 것이 밝혀지면 수급 자격을 박탈당할까 봐 걱정하기 때문이다.

나의 노동력에 대한 정당한 보수를 요구하기 이전에 행정의 감독을 피할 수 있게 해 달라는 요구를 먼저 할 수밖에 없는 처지란 어떤 것일까. 자기의 노동이 왠지 불법인 듯한 기분인 채로 일하다 보니 적극적인 권리 주장을 하지 못하게 되는 것은 어찌 보면 당연하다. 결국 수급가정의 청소년은 청소년 시기부터 노동의 정당한 대가에 대한 권리를 찾는 연습이 아니라, 왜곡되고 부당한 근로 계약의 내용을 감내하는 연습을 하게 되는 셈이다. 게다가 경수는 주급으로 쪼개서 급여를 받다 보니 목돈을 모으기 힘든, 일주일 단위 생활이라는 불안한 삶을 영위하고 있었다.

급여가 통장으로 들어오면 나라에서 알게 되잖아요. 그래서 통장으로 안 받고 현찰로 받아요. 그것도 한 달 치를 한 번에 받으면 액수가 많아서 좀 불안하니까 주급으로 받았어요. 지금까지 일하면서 돈은 다 현찰로 받았어요. 친구들은 통장에 월급으로 넣어주니까 돈이 쉽게 쉽게 모이는 것 같더라고요. 돈 잘 모으는 애들 보면 그런 게 부럽긴 해요. 제 가치관이 이랬어요. '나는 일주일살이다. 일주일 벌어서 일주일 동안 살자.'

용돈에서 임금까지의 거리

십 대가 선택할 수 있는 일자리는 우리 사회에서 그리 많지 않다. 그중 하나를 어렵게 선택하게 되면 대부분의 일터에서 십 대이기 때문에 겪는 부당함과 십 대이기 때문에 내몰리는 극한의 위험이 기다리는 경우가 많다. 경수도 다르지 않았다. 반말과 욕설은 언제나 경수 주변을 서성였고 저임금, 임금 체불, 부당한 해고는 드물지 않은 일이었다. 그중에서도 경수에게 가장 큰 위협과 두려움은 배달 중 발생하는 사고였다.

아는 친구가 오토바이 사고로 죽었어요. 졸음운전을 하는 트럭이 정면으로 받아 가지고 즉사했대요. 그런 이야기를 들으면 무서워요. 괜히 오토바이 타다가 죽는 거 아닌가 싶고요. 저도 사고 난 적 있죠. 비가 엄청 왔어요. 헬멧 유리막이 되게 뿌연 거예요. 신호가 노란불이었는데 횡단보도에 있던 사람들이 초록불로 바뀌자마자 냅다 뛴 거예요. 그래서 사람 2명하고 부딪혔어요. 또 한번은 사람이 도로에 떡하니 서 있는 거예요. 받을 것 같았어요. 진짜 받으면 어떻게 못 한다는 생각이 들어서 그냥 혼자 넘어졌죠. 그 사람이 괜찮냐고, 학생이 운전을 잘해서 안 받았다고 그러면서 맛있는 거 사 먹으라고 만 원 주고 갔어요. 저 혼자 자빠진 거니까 어떻게 보험 처리도 못 하고.

경수는 이런 위험이 사람이 부족해서 생기는 거라고 말했다. 배달 시간은 언제나 촉박했고, 배달하는 사람은 항상 부족했다. 배달이 조금이라도 늦어지면 음식이 식는다는 문제도 있지만, 배달하는 입장에서는 뒤에 배달이 밀리는 것이 더 큰 걱정이었다. 사장과 주문자는 '더 빨리'를 요구했고, 경수는 결국 배달 속도를 더 높일 수밖에 없었다. 도로에서 주행 속도를 높이는 것은 사고에 점점 더 가깝게 다가가는 것과 같았다.

배달하는 사람만 많으면 그렇게 빨리빨리 안 다녀도 돼요. 목숨 내놓고 안 타도 돼요. 배달 다녀오면 벌써 음식이 나와 있는데 어쩔 수가 없잖아요. 빨리 다닐 수밖에. 주변에 배달 시급을 최저임금에 100~200원 정도 더 받는 애들도 있어요. 너무 짜다고 생각해요. 다른 일도 위험한 건 마찬가지겠지만 배달 일은 진짜 목숨 내놓고 하는 일이잖아요.

위험에 내몰린 대가로의 '목숨값'은 경수가 생각하기에도 너무 적었다. 그런데 그 적은 임금마저 제대로 주지 않는 경우도 있었다고 한다. 그렇게 주지 않은 돈, 늦게 주는 돈은 모두 사장의 이윤이 된다. 그런 일자리라도 유지하기 위해서는 욕설과 무시 정도는 견뎌 내야 하고 그나마 그러한 일자리마저 이해할 수 없는 이유로 내쫓기고는 했다.

가끔 돈 떼먹힐 때도 있어요. 그러면서도 욕은 다 제가 먹어야 해요. 치킨이 잘못 배달되면 사장님이 알려 주신 데로 간 건데 욕은 저희가 먹어요. 잔돈이 없다고, 혹시 잔돈 있으시냐고 물어보면 또 막 욕해요. 카드기 안 가져 왔다고 욕먹고. 홀에서도 "야, 이거 가져와 봐라" 이러고 반말을 해요. 아 되게 기분 나쁜 거예요. 아무리 학생이라 해도 초면이고, 직원하고 손님 사이인데 존칭이라도 있어야 되잖아요.

한번은 아파트 단지에서 차 옆으로 지나갔는데 그 차 주인이 제가 자기 차를 긁었대요. 가서 보니깐 빨간 페인트가 묻어 있는 거예요. 오토바이도 빨간색이었거든요. 이걸 지워야겠으니까 만 원만 달래요. 돈이 없어서 치킨 값으로 받은 만 원을 드리고 끝냈어요. 그런데 그 운전자분이 사장한테 전화해 가지고 뭐라고 막 욕했나 봐요. 가게에 들어가니까 사장이 카드기 용지를 저한테 갑자기 집어 던지더라고요. 너는 뭐 어떻게 하고 다니길래 전화가 오냐고. 나가라고.

그래서 알았다고 하고 나왔어요.

우리 사회 곳곳에서 청소년의 노동을 '용돈 벌이'로 폄훼할 때 여성의 노동을 '반찬값 벌이'로 낮춰 평가하는 것과 비슷한 느낌을 받는다. 청소년 노동자가 '용돈'이라는 것을 마련하기 위해 이런 위험에 내몰리고, 반인권적인 언어폭력을 감당하고, 고용 불안에 시달리고 있는 것은 아닐 것이다. 청소년의 노동이 임시 알바가 아니라 온전한 노동으로, 이들이 받는 임금이 용돈이 아니라 노동에 대한 정당한 대가로 사회적 인정을 받기까지는 아직 길이 멀다.

현실에 구겨진 꿈일지라도

경수는 기초생활수급가정이라는 상황과 자신이 가족의 생계를 위해 일을 해야 하는 상황을 구김 없이 인정하고 있었다. 오히려 어려서부터 겪었던 수급가정에서의 생활을, 어려운 여건에서도 좌절하지 않을 수 있는 힘을 기르는 시간으로 받아들이고 있었다. 자신의 삶에 대한 자신감도 있었다.

저는 일단 어떻게 해서든 가난을 벗어나고 싶어요. 주위에서 도와주는 것에 대해서 감사하고 혜택 주는 것에 대해서도 감사해요.

솔직히 어렸을 때 수급자라고 하면 좀 창피했어요. 학교에서도 수급자인 애들을 따로 불러서 이야기하고 그러면 애들이 거의 눈치 채죠. 같은 동네 사니까. 그런데 숨길 필요가 뭐 있냐고 생각했죠. 좀 잘사는 애들은 힘든 거 못 느끼고 살 거 아니에요. 그래서 나중에 가서 힘들면 금방 좌절하고 포기할 것 같은데 전 어렸을 때부터 힘들었으니까 이 힘든 건 잠깐이고, 금방 다시 행복해질 거라는 이런 의지가 있지 않을까. 오히려 나중에는 걔들보다 잘 살 거 같아요.

경수는 자동차와 기계를 좋아했다. 특성화고에서 기계 기술을 배워 빨리 사회에 진출하고 싶어 했으나 처음 들어간 특성화고에서는 수업 방식이 잘 맞지 않았다. 또 학교가 집에서 멀다 보니 수업을 마치고 배달 일을 하는 것이 어렵기도 했다. 결국 다니던 학교를 그만두고 집 근처의 일반계고로 옮기면서 3학년이 되면 직업반을 선택할 계획을 세우기도 했다.

3학년 때 직업반 갈 생각하고 인문계 온 거예요. 담임 선생님한테도 직업반 때문에 왔다고 말했어요. 근데 담임 선생님이 자꾸 공부하라고 강요를 하는 거예요. 저는 그래서 담임 선생님한테 인문계라 해서 다 대학 가는 거 아니라고 직업반 갈 거라고 따졌어요. 샘도 알았다고, 네 목표가 그렇게 뚜렷하면 어떻게 할지 잘 결정해 보라고, 그렇게 서로 얘기를 했어요.

경수는 학교와 일터를 번갈아 다니며 바빼 사는 중에도 하고 싶은 것이 많다. 컴퓨터 보안 업무도 하고 싶고, 복싱에 소질 있다는 소리에 복싱에 관심을 갖기도 했다. 수입이 좋다고 전해 들은 바닷속 용접 일을 꿈꾸기도 했으며, 자신과 같은 어려운 처지의 청소년을 도와줄 수 있는 상담사가 되고 싶은 마음도 있었다. 요즘엔 음악에 대한 관심이 생겨 노래나 악기를 배우고 싶다. 그러나 경수는 내일을 준비하는 데 비용이라는 넘기 힘든 벽이 있다는 것을 알고 있었고, 때로는 그 벽 앞에서 주춤거리는 자신을 발견하기도 했다. 혼자의 힘으로는 그 벽을 넘을 수 없었던 경수는 결국 현실 안에서만 꿀 수 있는 구겨진 꿈을 선택할 수밖에 없었다.

해 보고 싶은 건 되게 많아요. 그런데 다 돈이 들잖아요. 그러니까 다 누릴 수는 없어요. 최대한 돈 안 드는 걸로. 지금은 그냥 청소년지역아동센터에서 노래 연습해요. 제가 노래 부르는 걸 좋아하기도 하고 악기 배우는 것보다 돈이 적게 들 것 같아서. 샘한테 실용음악과 가고 싶다고 했어요. 구청에서 만약에 용접교육 된다고 하면 음악 수업이랑 겹치지 않게 같이 하고 싶어요.

이렇게 낮에는 학교에서, 저녁에는 일터에서 바쁜 시간을 보내는 경수에게 여자친구와의 알콩달콩한 연애는 생활의 기쁨이다. 여자친구의 부모님이 경수의 자퇴 경력을 알고는 둘의 연애를 반대하고 계시지만 오히려 그런 부모님의 반대가 둘의 애정을 확인시켜 주는 계기가 되는 듯했다.

자퇴한 걸 작년 11월쯤에 들켰어요. 그래서 얘가 저를 만나러 나올 수가 없는 거예요. 별 핑계를 다 대면서 지금까지 몰래 잘 만나고 있어요. 보통 아침에 일찍 일어나서 등교 전에 만나요. 7시 50분까지 등교니까 7시 10분에 만나서 같이 있다가 학교 가고.

경수의 여자친구는 학교에서 치어리딩을 한다. 경수 여자친구가 속한 팀은 외국에도 공연하러 다닐 정도로 실력을 인정받는 팀이라고 했다. 둘은 서로의 꿈과 생활 방식이 달라서 많이 다투기도 했지만, 요즘은 서로에 대한 이해의 폭도 넓어지고 서로를 존중하고 배려하는 모습도 종종 보이고 있다며 흐뭇해했다.

중3 때 만나서 연애한 지 663일 됐어요. 처음에 제가 진짜 바보 같았던 게, 제가 하고 싶은 게 있어도 여자친구가 하지 말라면 안 했어요. 음악 하는 것도 여자친구가 싫어했어요. 근데 음악 수업은 진짜 접기가 싫은 거예요. 그래서 네가 하는 거는 내가 다 인정해 주는데 너도 나를 좀 이해해 달라고 그랬더니 여자친구가 알았다고 그랬어요. 요즘은 같이 놀다가도 한 번씩 미안하다고 해요. 너좋아하는 거 계속 못 하게 하고 이제 하게 해서 미안하다고. 이제 잘 안 싸우고 서로 이해하고 지내요.

경수는 자신과 가족을 둘러싼 어려운 여건들을 외면하지 않았고, 그 속에서 자신의 꿈을 이루기 위해 가능한 방법들을 찾으며 하루하루를 차곡차곡 살아갔다. 그런 경수에게 변화가 생겼다는 소식이 들렸다.

더 깊은 불안정 노동 속으로

반년 뒤 경수는 치킨 가게에서의 배달 일을 그만두고 새로운 배달 일을 시작했다. '콜맨'이라는 배달 대행 일이었다. 새로 들어간 고등학교도 이 일을 하기 위해 그만두었다. 오토바이 배달 일을 그만하고 싶어 했으면서도, 사고 위험이 더 큰 줄 알면서도 경수는 이 '콜맨' 업계에 뛰어들었다. 그 사이에 생계에 대한 압박이 더 커졌던 것이다.

콜맨은 건당 수수료가 있어요. 거리에 따라 수수료가 다른데 기본이 3,000원이에요. 제 친구도 콜맨 일을 하는데 11시부터 새벽

2시까지 해요. 위험부담은 있어도 돈이 된다고 그래요. 새벽까지 하니까 학교 다니면서는 못 한다고 하더라고요.

사장의 지시로 배달을 하게 되는 업무의 내용과 방식은 기존의 배달 일과 비슷했지만 그 신분은 치킨 가게 '노동자'에서 콜맨의 '특수고용직'으로 바뀌었다. 퀵서비스 배달 노동자와 유사하게 '근로자성'이 부인되는 것이다. 보수는 배달 건당 수수료로 책정돼 있었고, 주된 업무 수단인 오토바이도 자신이 마련하거나 콜 업체에서 대여를 해야 했으며 오토바이를 운행하기 위한 기름도 본인의 비용으로 사야 했다. 보수가 건당 수수료로 책정되면서 배달 건수를 높이기 위한 교통 신호 위반과 과속 운행은 필수처럼 되어 버렸고 그만큼 사고의 위험성도 높아지게 됐지만 배달 중 사고가 나면 그로 인한 모든 책임과 비용은 경수가 부담해야 했다. 고용과 수입은 불안정해졌고 비용과 사고에 대한 책임은 더 커진 셈이었다.

경수는 '콜맨'으로 업체를 옮긴 뒤 크고 작은 사고들을 겪었고, 경수의 몸에는 그런 사고의 흔적과 후유증이 자리 잡고 있었다. 직접 고용에서 특수고용직으로 바뀌면 하는 일은 같으면서도 실질 소득은 줄고, 그 줄어드는 소득은 중간에서 누군가가 교묘하게 가로채 간다.

사고가 나서 손의 힘줄이 7개가 나갔어요. 그래서 주먹이 안 쥐어져요. 사고가 나면 후유증이 생기잖아요. 좀 무섭고 그렇죠. 그런데 청소년 아르바이트 중에 배달만큼 많이 버는 게 없더라고요. 콜맨 일이 위험하긴 한데 그만큼 많이 벌 수 있을 것 같아요.

그렇게 경수는 여전히 자신의 일을 아르바이트라고 부른다. 온종일 일을 하고, 그 수입으로 가족의 생계를 책임지고 있으면서도 직장이나 직업이라는 표현은 쓰지 않는다. 청소년 노동에 둘러쳐진 '임시', '용돈 벌이' 등의 베일은 일을 하는 청소년 스스로도 자신의 노동을 온전한 노동으로 바라보지 못하게 하고 있었다. 어쩌면 경수 스스로가 이 일이 '임시'이기를 원하고 있는지도 모르겠다.

절망의 사다리를 걷어 내기 위한 '모두'의 노력

음악을 하고 싶다던, 대학의 실용음악과에서 제대로 공부를 해 보고 싶다던 경수의 꿈은 아직 유효한 걸까? 기계를 다루고 싶다던, 용접을 배우고 싶다던, 컴퓨터 보안을 해 보고 싶다던 경수의 다른 꿈들은 경수에게 지금 어떤 의미일까? 경수가 그 꿈들을 여전히 간직하고 있다면, 그러나 혹시라도 그 꿈들을 준비하는 것이 여의치 않은 상황이라면, 경수와 비슷한 상황에 있는 수많은 '경수'들을 지키고 준비할 수 있도록 할 수 있는 방법은 누구에게 물어봐야 할까? 경수에게 필요한 '기댈 언덕'은 어디에서 찾을 수 있을까? 그런 복잡한 고민들을 삭이며 경수에게 3년 후의 모습은 어떨지, 무엇을 하고 있을지 물었다.

3년 후? 아마 대학교를 다니고 있지 않을까요? 공부 열심히 해서 장학금 받아야죠. 그리고 그때는 배달 알바 말고 다른 걸 하겠죠. 배달도 나이 먹으면 못 해요. 창피하니까. 사람들 인식이 그래요. 배달 알바는 청소년 때는 좀 멋있게 느껴지기도 하지만 어른이 돼서도 그렇게 탈 수는 없는 거잖아요. 이렇게 배달 알바를 하다가 나이 들어서 퀵서비스로 빠질까 봐 걱정도 되고요.

어려운 경제 여건과 가정 환경에서도 경수가 힘을 잃지 않고 미래를 계획하는 데에는 경수를 지원해 주고 지지해 주는 지역 사회의 손길도 소중했다. 초등학교 때 만난 지역아동센터 선생님과의 상담은 경수의 어린 시절 상처를 보듬어 주었고, 지역 성당에서 맺어진 인연은 경제적 지원으로 이어지기도 했다. 특히 지역아동센터의 선생님은 경수가 중학생이 된 후에도 계속 연락을 하며 경수를 챙겨 주었다.

초등학교 때 친구랑 장난을 치다가 화장실 창문을 넘었는데 학교에서 아는 누나가 그걸 보고는 신고를 한 거예요. 자살하는 줄 알고. 그것 때문에 멘토를 받게 됐어요. 당고개 쪽에 ○○○지역아동센터라고 있어요. 어차피 아빠한테 받은 상처 때문에 상담을 받아야 하는 상황이었고 그 상담을 받아서 어쨌든 좋아진 것 같아요. 선생님이 오토바이 운전하는 것도 가르쳐 주고 그랬어요. 선생님 아는 성당에도 같이 갔는데, 그 성당에 계신 분이 한 달에 얼마씩 2년 동안 지원을 해 주셨어요.

이처럼 청소년들은 지역사회의 지원 체계를 통해 문제 해결의 실마리와 더불어 심리적 지지를 통한 안정, 자존감의 회복 등을 얻게 되기도 한다. 청소년들이 생활하며, 또는 노동하며 겪게 되는 어려움이나 고민들을 털어놓고 상담할 수 있는 공간, 그리고 청소년들을 지지하고 지원해 주는 지역사회의 역할이 중요하게 제기되고 있는 이유이다.

경수가 겪고 있는 고단함과 어려움을 상담하고 해결하기 위한 곳은 시간이 지나고 나이가 들어 갈수록 찾기 힘들어졌지만 경수는 여전히 자신과 가족을 둘러싼 환경을 담담하게 받아들이고 있다. 삶에 대한 경수의 태도를 보며 주변의 많은 '경수'들을 다시 떠올린다. 그리고 우리 사회는 이들을 위해 어떤 준비를 하고 있는지 돌아보게 된다. 꼭 기초생활보장수급가정이 아니어도, 꼭 가정폭력에 노출된 청소년이 아니어도, 누구라도 어느 정도의 불행한 가족사는 있을 수 있고, 누구라도 고단한 노동의 당사자가 될 수 있다. 이 '경수'들이 뒤틀린 가족사 속에서도 자신이 꾸는 꿈을 준비할 수 있도록, 그리고 고단한 노동 속에서도 자신의 일을 온전하게 '노동'으로 받아들일 수 있도록 우리 사회는 그 답을 마련해야 할 책무가 있다. '경수'가 처한 문제적 상황은 단지 복지제도 측면이나 노동 행정 측면에서만은 해결되지 않는다. 그 답은 누군가가 마련해 주는 것이 아니라 노동의 현장에서, 학교에서, 그리고 지역사회에서 함께 팔을 걷고 머리를 맞대어 찾아내야 하는 것이다.

우리말 우리말

국가에서 매달
생활비를 준다면?

'기본소득'이라는 말을 들어본 적 있는가. 돈을 벌든, 돈을 벌지 않든, 나이·성별·재산에 상관없이 모든 사람들에게 정부가 매월 최저생활비를 지급하는 것을 말한다. 우리나라에 아직 없는 제도이고, 세계적으로도 전면적으로 시행되고 있는 나라는 현재 없다. 하지만 우리나라에서도 꽤 오래전부터 기본소득제도를 만들자는 얘기가 나오고 있고, 어떤 나라에서는 지역별로 도입하고 있다. 우리나라에서 기본소득을 준다면 어떨까?

★ **직장에 다니지 않는 사람한테도 돈을 준다고?**

사실 모든 사람은 일을 한다. 누군가에게 고용되어 일을 하고 돈을 받는 경우도 많지만, 그렇지 않은 경우도 있다. 흔히 말하는 가사노동을 예로 들어 보자. 집에서 하는 음식, 청소, 자녀 양육 이런 일들은 가정과 사회가 유지되기 위해서 꼭 필요한 노동이지만, 남으로부터 돈을 받지는 않는다. 이런 의미에서 보면, 학교 공부도 노동이다. 학교에서 하는 공부는 자신을 위한 것이기도 하지만 다른 한편으로 사회를 위한 것이기도 하다. 이렇게 '임금을 받지 않는' 노동을 하는 사람에게도 최저생계비를 보장할 필요가 있다. 무엇보다 사람이 '사람답게' 사는 데 제일 중요한 것이 경제적 문제인데 모든 이에게 생활비를 지급하면, 지금처럼 가난 때문에 스스로 목숨을 끊는 사람들도 줄어들 것이다.

★ **그렇게 돈을 막 주면 사람들이 일을 안 하려고 하지 않을까?**

기본소득은 최저생활비라 얼마 되지 않는 금액으로 책정된다. 당연히 돈이 더 필요한 사람은 돈을 버는 일을 할 것이다. 기본소득제도는 돈을 버는 일을 하지 않더라도 경제적으로 타인에게 의존하지 않고 최소한의 생활을 보장하자는 것이다. 남녀노소를 막론하고 자신이 아닌 다른 이에게 경제적으로 의존하게 되면, 그만큼 그 사람으로부터 자유로울 수 없다. 직장에서 돈을 받는 사람도 마찬가지다. 직장에서 쫓겨나면 수입이 없어지니까 부당해도 참는 경우가 적지 않다. 기본소득이 지급된다면, 지금보다 자기가 하고 싶은 말을 더 당당히 하며 살 수 있을 것이다.

★ 그럼 청소년한테도 기본소득을 주는 것인가?

물론이다. 청소년도 돈이 필요하다. 영화감독이 되고 싶은 청소년이 있다고 치자. 훌륭한 영화감독이 되고 싶은 이 청소년은 영화도 많이 보고 싶고, 캠코더를 사서 촬영도 하고 싶고, 단편 영화도 찍고 싶다. 하지만 돈이 없다. 게다가 부모님은 영화감독이 되는 것을 탐탁지 않아 한다. 내가 하고 싶은 것을 하기 위해서는 내 스스로 해결해야 하는 상황. 돈이 필요하니 알바를 해야 되는데 청소년 노동 현실은 너무 열악하다. 시급은 쥐꼬리만 하고, 몸마저 다칠 위험이 있다. 운 좋게 괜찮은 알바를 만나더라도 일하면서 영화감독 준비까지 하려면 시간도 부족하고 몸도 피곤하다. 이런 청소년한테 기본소득이 지급된다면, 지금보다 더 알차게 미래를 준비할 수 있을 것이다. 집이 넉넉지 못해 알바를 해야만 생활을 할 수 있는 청소년들도 기본소득이 지급된다면 자기가 하고 싶은 공부나 여가 생활을 더 신나게 할 수 있을 것이다. 또 알바를 할 때 열악하거나 부당한 대우를 받더라도 돈 때문에 그만두지 못하는 경우가 많은데, 기본소득을 받는다면 더 좋은 일자리를 찾을 수 있는 여유를 가질 수 있을 것이다. 그러면 일할 사람이 필요한 사업주로서는 노동 조건을 개선해야 하기 때문에 열악한 청소년 일자리가 사라지는 효과도 얻을 수 있다.

★ 그 많은 재원을 마련할 수 있을까?

우리나라는 '빈익빈 부익부' 양극화가 점점 심화되고 있지만, '부자 증세'는 하지 않고 있다. 만약 우리나라에 기본소득제가 도입돼서 4,000만 명에게 매월 40만 원씩 지급한다면 매년 192조 원이 들어간다. 새로운 재원을 마련하려면 물론 지금보다 세금을 더 걷어야 한다. 기본소득 전문가의 말을 빌리면, 기업에게 중요한 근로소득세·법인세·부가가치세 세율을 현 수준으로 유지하더라도 세제를 개혁하면 필요한 재원을 마련할 수 있다고 한다. 즉 '모든 소득에 대한 과세', '불로 소득·부동산에 대한 증세'를 원칙으로 하여 증권양도소득세·토지세 등을 신설하고 지하 경제를 줄여 세수를 늘리고 현재 복지 서비스를 기본소득제도에 맞게 정비하면 충분한 재원을 확보할 수 있다.[4]

---

4 기본소득한국네트워크 www.basicincome.kr, 기본소득청'소'년네트워크 sites.google.com/site/basicincomey

인생 역정 속에서 길러 낸 삶의 근력

...

탈가정 청소년 효진이의 홀로서기

경기도 부천의 한 거리청소년지원센터에서 만난 열여덟 살 효진이는 허스키한 목소리에 주변 친구들을 휘어잡는 카리스마를 지닌 이였다. 또래들 사이에서도 맏언니 역할을 주로 맡고 있었다. 상대가 자기를 판단하거나 비난한다는 생각이 들지 않으면 굴곡 많았던 자기의 인생 스토리를 거리낌 없이 풀어 놓을 줄 아는 솔직함도 가지고 있었다. 효진이의 힘은 단란한 가정 속에서 보살핌을 잘 받고 자란 이들이 가진 자부심과는 거리가 먼, 거친 인생 역정 속에서 살아남은 이들이 길러 낸 근력에 가까웠다. 열여덟 효진이의 인생에서 일(노동)은 어떤 의미였을까. 효진이에게 일은 집을 나와 있는 동안에는 하기 싫지만 해야 했던 생존의 도구였고, 집으로 돌아간 지금은 아버지와의 관계를 좀 더 동등하게 만드는 지렛대와 같은 존재였다.

집을 나와 '고단한 자유'를 찾다

효진이는 일곱 살 때 부모님이 이혼한 뒤 줄곧 아버지와 둘이서만 살았다. 두 사람이 어떤 이유로 헤어졌는지 어린 효진이는 알지 못했다. 아버지에게 왠지 물어봐서는 안 될 것 같았다. 아버지는 효진이가 중학교 2학년이 되어서야 어머니와 헤어진 사연을 들려주었다. 지금에 와서 생각해 보면 엄마가 여자로서 안 됐다는 생각도 들지만, 엄마의 빈자리는 어린 효진이에게 상처였다.

엄마는 술을 진짜 좋아했어요. 저를 데리고 술을 마시러 나이트에 갈 정도로. 엄마가 저를 데리고 나이트클럽에 가서 딴 남자랑 막 놀던 모습이 아직도 기억이 나요. 아빠랑 엄마랑 심하게 싸우는 것도 많이 봤어요. 엄마가 술 먹고 떡이 돼 가지고 막 아빠한테 매달리는 모습도 많이 봤고요. 아빠한테 이혼을 했다고는 들었지만 어떻게 이혼을 했는지 과정은 못 들었거든요. 그런데 중학교 2학년 땐가? 아빠가 그러시는 거예요. 너네 엄마가 딴 남자 데리고 와서 제발 자기 좀 놔 달라고 그랬다고. 그래서 이혼하게 된 거라고.
엄마 생각하면 불쌍하면서 원망스럽기도 하고 복잡해요. 아빠한테 엄마는 진절머리 나는 여자겠지만, 엄마한테 아빠는 어떤 사람이었는지 잘 모르겠어요. 엄마랑 이야기를 해 본 적이 거의 없으니까. 저희 집 뒤에 산이 있거든요. 어렸을 때 거기 아빠랑 같이 가고 그랬는데, 어느 날 제가 아빠한테 "다른 사람들은 다 가족끼리 와서 즐거운데 왜 난 엄마가 없어?" 이랬대요. 아빠가 그 말을 듣고 속상해서 속으로 울었다고 하시더라고요. 저한텐 엄마의 빈자리가 좀 큰 거 같아요.

어려서부터 혼자였던 효진이에게는 친구들과 어울려 노는 일이 위안이 되었다. 효진이가 자랄수록 늦은 귀가 시간 때문에 아버지에게 혼이 나는 일이 잦아졌다. 효진이에게는 간질이라는 병이 있었다. 언제 어디서 쓰러질지 모르는 위험이 효진이의 삶에 동행했다. 그런 딸이 걱정되었기 때문일까. 아버지의 단속은 갈수록 심해졌고 역정과 폭력을 동반하는 경우도 많았다. 잘못했다 빌어도 때리고, 가만히 있어도 때리는 아버지의 폭력을 견디기 힘들었다. 중학교 3학년 때 효진이는 결국 집을 나왔다.

빈손으로 집을 떠난 효진이가 집 밖에서 생활을 이어 나갈 자원을 구하기란 어려웠다. 사는 게 힘들어 집으로 돌아갔다가 아버지와 싸우고 다시 나오는 일이 몇 차례 반복됐다.

처음에는 편안했죠. 이제 내 세상이다, 완전. 그러다 너무 힘이

들어서 집에 잠깐 들어갔어요. 그리고 아빠랑 또 싸우게 됐어요. 그래서 또 나왔죠. 그런 생활을 1년 반 동안 반복했어요. 중3 때 나와서 고1 겨울쯤에 끝났거든요. 그 사이에 중학교 졸업을 하기는 했어요. 중학교 때 선생님이 학교에 말씀을 잘해 주셔서 병결이나 이런 걸로 처리하고 졸업은 가까스로 하긴 했는데, 고등학교를 올라가니까 안 좋은 소문이 퍼져 있는 거예요. '조건'을 한다고요. 화가 나서 학교에 자퇴서를 내고 나왔죠. 그러고 나서 다시 가출을 했어요. 아빠는 그래도 학교에 다녀라 다녀라 했는데 저는 싫다고 했어요. 1년 6개월을 방황했는데 정말 가출은 할 게 못 돼요. 아파도 아무도 몰라주는 게 정말 너무 서러웠어요.

'조건'은 조건 만남의 줄임말로 성매매의 한 형태다. 우리 사회는 십 대 남성의 가출은 '한때의 방황'으로 여기고 '남자애들은 다 그러면서 크는 거'라며 관용적으로 대하는 편이지만, 십 대 여성의 가출은 '타락'의 경험으로 바라보고 '그렇고 그런 애'로 낙인 찍는 이중 잣대를 들이댄다. 효진이도 한 번의 가출 경험으로 이미 그렇고 그런 애로 찍혔다. 소문은 쉽게 가라앉지 않았고 친구들의 수군거림과 눈총은 따가웠다. 효진이의 첫 가출 경험이 그렇게 냉대에만 부딪히지 않았다면, 효진이는 자퇴도, 재가출도 선택하지 않았을지 모른다.

집을 나와 있는 동안 효진이는 친구네, 아는 오빠네 집, 보증금이 없는 달방 등을 돌아다니며 살았다. 처음에는 친구네 집에서 친구의 아버지와 함께 살았다. 아무런 연고도 없이 거리를 헤매야 하는 처지보다는 나은 출발이었지만, 친구네 형편도 어려웠다.

제 친구도 똑같은 입장이었어요. 저처럼 가출하고 다녔거든요. 친구 아버지가 여기서 안 받아 주면 다른 데로 갈 걸 아시니까, 그래서 받아 주신 것 같아요. 근데 한편으로는 친구네 아버지한테 정말 미안했어요. 걔네 집은 저희 집보다 훨씬 안 좋은 상태였거든요. 저희는 기초수급자는 아닌데 걔는 기초수급자란 말이에요. 아버지가 제대로 된 직업이 없으셔서 대리운전을 하세요. 벌어 봤자 얼마나 버시겠어요. 돈 받기도 미안한 거예요. 그래서 괜찮다고, 괜찮다고 그러고. 위로를 받을 사람들이 없는데 옆에서 친구가 의지해 주니까 정말 그게 제일 고마웠어요. 친구가 자해를 했거든요. 커터칼, 유리병 상관없이 그냥 그었어요. 그래서 제가 챙겨 주고. 남들은 다 손가락질할 때 서로에게 의지가 되는 그런 존재였어요.

아버지의 통제가 없는 집 바깥의 삶은 자유를 만끽할 수 있어 좋았지만, 그 자유는 곧 무료함으로 다가왔다. 누구의 간섭도 없이 마음껏 하고 싶은 대로 살다 보니 그게 또 일상처럼 무의미하게 느껴졌다. 하루 종일 아무 할 일 없이 앉아 있는 게 견딜 수 없이 따분하기도 했다.

가출하고 정말 막 살았죠. 뭐라고 할 사람이 없으니까. 배고프면 친구랑 같이 슈퍼에 가서 몰래 훔쳐 먹고 집에 와서 휴대전화 만지고 티비 보고 자다가 또 나와서 오빠들하고 같이 술 먹고. 아침에는 자고 밤에는 일어나서 놀다가 아침에 해 뜨고 나면 또 자고, 그랬죠. 오토바이도 훔쳐서 타고. 가출을 하고 나서 자유롭다는 생각은 진짜 많이 들었어요. 억압을 받지 않으니까 너무 행복한 거예요, 그 자체. 밤늦게까지 돌아다녀도 누가 뭐라 안 하니까 너무 좋더라고요. 근데 그걸 계속하다 보니까 의미가 없어졌어요. 할 것도 없고요.

효진이는 춥고 배고팠지만 먹을거리와 잠자리가 무상으로 제공되는 쉼터에는 가지 않았다. 쉼터에 들어가면 통제가 심하고 낯선 이들과 공동생활을 해야 하기 때문이다. 그랬던 효진이가 요즘에 집을 나온 후배들을 보면 쉼터를 권한다고 한다.

요즘엔 후배들이 "언니, 나 집 나왔어요" 그러면 정말 대책이 없어 보여요. 예전에는 제가 쉼터를 안 가려고 했는데 지금은 "야, 너 쉼터 가. 진짜 편해. 밥 주고 따뜻하고 컴퓨터도 할 수 있고, 이보다 최적화된 곳은 없다. 나 몇 곳 아는데, 소개해 줄까?" 그래요. 근데 그 애들은 싫어해요. 아무래도 불편하니까 그렇겠죠. 거기 있는 애들이 싫어하고 왕따시킬 것 같다고 겁내는 애들도 있어요. 그래서 제가 그랬어요. 너랑 동지라고, 더 좋아할 거라고. 선생님들이 따박따박

따지면서 왜 가출했냐, 어서 집에 들어가라 그러지도 않고 너를 보호해 줄 거라고, 네 말을 들어 줄 거라고, 그러니까 꼭 들어가라고.

아마도 거리청소년지원센터에서 만난 교사들에게 마음을 열면서 쉼터에 대한 신뢰를 갖게 된 것으로 보인다. 효진이가 실제 쉼터 생활을 경험해 보았어도 후배들에게 쉼터를 권하게 되었을지는 모르겠다.

거리의 삶과 노동

효진이는 집을 나와 있던 열일곱 살 때 첫 일자리를 구했다. 어떻게든 생활비를 벌어야겠다 싶어 일자리를 찾아 나섰지만, 막상 구하려고 하니까 각종 서류의 장벽에 부딪혔다. 그러다 간신히 한 식당에서 서빙 일을 시작할 수 있었다. 효진이가 받은 첫 시급은 당시 법으로 정한 최저임금(2012년 당시 최저임금은 4,580원이었다)보다 조금 더 많은 5천 원이었다. 하루 10시간, 11시간씩 식당 계단을 오르내리며 서빙을 하는 일은 무척이나 고단했다. 그럼에도 효진이는 그 시급이 '세다'고 말했다. 태어나서 처음으로 청소년으로서는 큰돈을 벌어 봤기 때문이기도 하고, 그 후로 얻은 일자리들이 최저임금도 주지 않는 경우가 다반사였기 때문이다.

강남에 있는 닭갈빗집에서 일을 하게 됐어요. 정말 화가 나고 짜증 나는 일이 많았어요. 손님이 오시면 물을 드려야 되잖아요. 주방 쪽에 2층으로 음식을 올리는 기계가 하나 있었어요. 근데 하필 고장이 난 거예요. 다 들고 날랐어요. 물을 막 다섯 통씩 들어야 하니까 짜증이 나더라고요. 마음 같아서는 물을 손님 면상에 확 던지고 싶을 정도로 힘들었는데 차마 그렇게는 못 하고, "예~ 손님~" 이러면서 서빙하고. 진상인 손님도 진짜 많았거든요. 자기가 시켜 놓고 주문이 잘못 됐다고 그러고. 특히 술 취한 손님들한테는 소주병을 막 던지고 싶은데 웃으면서 "예~ 예~" 그러고. 아침 10시부터 저녁 8~9시까지 일했어요. 거기 시급이 셌거든요. 5천 원이요. 한 달에 한 80~90만 원 받았죠.

키즈카페에서 아이들을 돌보는 일도 해 보았다. 어릴 적 엄마와 헤어진 효진이에게 키즈카페는 어울리지 않는 공간처럼 느껴졌다. 자기보다 나이가 많은 어른들, 특히 사람을 하대하는 어머니들을 상대하는 일도 쉽지 않았다. 자기가 몇 달 일해도 살 수 없는 고가의 유모차를 끌고 다니는 사람들을 바라보는 효진이의 마음은 어땠을까.

제가 샬랑라한 스타일을 안 좋아해요. 앞치마도 레이스 있는 거, 막 핑크색이고 옷은 와이셔츠인데 여기 막 리본 달려 있고. 정말 싫었어요. 거기에 애기들이 침 흘리고. 그리고 어머님들 상대하기가 너무 힘들었어요. 매장에 매트가 깔려 있는데 그게 음식이 묻으면 잘 안 지워지는 소재라서 이유식 반입이 안 됐어요. 그런데 어머님들이 막 뭐라 하는 거예요. 막 엄청 비싼 유모차 있잖아요. 바퀴 3개 달리고 애기랑 엄마랑 마주볼 수 있는 거. 그런 거 끌고 다니는 사람들이, "어머님 이유식 반입 안 되세요" 이렇게 이야기하면 "지금 내 애가 더럽다는 거야? 왜 안 돼?" 막 이런 식으로 따지는 거예요.

효진이는 결국 한 달 만에 키즈카페를 그만뒀다. 손님들을 대하는 것만큼 어리다고 무시하는 듯한 사장의 말투를 견디기 힘들었다. 효진이에게 집 밖의 어른들이 보이는 폭력적 태도는 집에서 겪은 아버지의 폭력을 떠오르게 만들었을지 모른다. 그 모든 걸 참아 낸 대가로 받는 돈이 많은 것도 아니었다.

사장이 짜증 났어요. 애기들 있으니까 깨끗이 해야 된다고, 내가 보기에는 깨끗한데 더럽다고 다시 청소하라고 막 그러고. 핑크색 레이스 옷을 입은 상태에서 청소를 하려고 하니까 짜증밖에 안 나고. 애기들이 흘린 침이 잘 안 닦이더라고요. 사장님이 막 톡톡 쏘듯이 애기만 안 했어도 장기간 일할 수 있었어요. 지는 안 하면서 막 시키기만 하잖아요. 이거 해라 저거 해라. 그게 짜증 나는 거죠.

어리다고 깔보는 게 심했어요. 돈도 제대로 안 주면서 애들이 뭣도 모른다는 식으로.

'보도'의 유혹

그렇게 일을 그만두고 나니 다시 구할 수 있는 일자리가 많지 않았다. 오늘 당장 어디서 잠을 청할 수 있을지조차 알 수 없는 불안한 생활이 반복되다 보니 효진이는 뭐라도 해서 돈을 벌어야지 싶었다. 그런 효진이에게 '조건 만남'이나 속칭 '보도(노래방 도우미)'와 같은 성 서비스 산업의 손짓은 나름 유혹적이었다.

다시 가출하고 나서 다른 친구랑 지내고 있었는데요, 진짜 너무 돈이 궁하고 갈 데가 없었어요. '이건 안 되겠다, 진짜 못 살겠다' 싶은 생각이 들 정도였거든요. 그래서 유흥업소 알바를 했어요. 주민등록증 사서. 그 친구가 예전에 한 번 일한 적이 있다고, 한번 해 보지 않겠냐고 그러는 거예요. 돈이 궁한데 그냥 알바하는 것보다는 훨씬 나을 것 같다고 하니까 했죠. 노래방 도우미였어요. 좀 잘사는 사람들이 저희를 데리고 술을 마시는 거예요. 하루에 20~30만 원은 기본.

무엇보다 다른 일자리는 주급이나 월급을 주는 데 비해 이 일은 하루 일하고 곧장 돈을 받을 수 있다는 게 매력적이었다. 술을 먹는 자리에서 노래도 불러 주고 술 시중도 들었다. 고수익의 일자리였지만, 효진이는 '그것도 할 게 안 돼서' 며칠 만에 도망치듯 그곳에서 빠져나왔다. 시작할 때도 그랬지만 그만둘 때도 큰 용기가 필요했다.

    룸에 들어갔는데 어색한 거예요. 막 어른스러운 옷 입는 것도 어색하고, 느글느글 소개해 주는 것도 어색하고, 아저씨들이 "여기 앉아, 여기 앉아" 이러는 것도 어색하고, 노래 불러 주고 술 받아먹는 것도 그렇고. 스킨십도 있으니까 진짜 짜증 나더라고요. 한 5일 일했는데 못 하겠더라고요. 실장님이란 사람이 접대나 뭐라나 막 씨부리면서 술 진탕 먹이고. 취하는데 주니까 안 먹을 수도 없고, 너무 먹어서 토할 것 같은데 계속 먹이고. 그래서 그만해야겠다 했죠. 근데 안 보내 주는 거예요. 여기서 생활하라면서 방을 정해 줬어요. 그래서 잠깐 우리 옷 좀 사 오겠다고 한 다음에 도망쳤죠. 그러고 나서 전화 겁나 많이 왔어요. 너희들 장난 치냐고, 죽여 버린다고 막 그러는 거예요. 너무 무섭잖아요. 스팸 차단하고 수신 거부하고 그랬죠.

효진이는 자기처럼 집을 나온 십 대 여성들이나 사정이 급한 이들이 '보도' 일을 뛰게 될 가능성이 매우 높다고 말한다. 생활을 위해 지불해야 할 기본 비용이 만만치 않은 상황에서 월급을 기다릴 처지가 아닌 청소년이 많다는 얘기다.

다른 일 해서 하루에 어떻게 20~30만 원을 벌어요. 저희한테는 큰돈이죠. 돈은 벌어야 되고, 그 일이 돈을 쉽게 벌 수 있으니까. 특히 집 나온 친구들은 바로 돈을 써야 하는데 다른 일은 한 달을 기다려야 하니까 힘들어요. 사정이 급한 친구들한테 이 일은 바로바로 돈이 생기니까 좋죠. 근데 쉽게 번 만큼 쉽게 쓰게 되더라고요. 달방을 구하긴 구했는데, 월세가 안 되니까 하루 자고 하루 돈 내고 하래요. 하루에 4만 원, 5만 원씩 꼬박꼬박 내야 돼요. 거기에 뭐 액세서리 사고 입을 거 사고 먹을 거 사고 하니까 금방 다 쓰더라고요.

효진이는 쉽게 벌었다고 말했지만, 효진이가 감당해야 했던 노동 조건은 결코 쉽지 않아 보였다.

일이 가져다준 독립적 삶과 관계

효진이는 집과 집 밖을 오가는 1년 반 동안의 생활을 끝내고 결국 집으로 돌아왔다. 효진이가 집으로 돌아가 재정착할 수 있었던 요인은 여러 가지였다. 집을 나온 뒤의 생활이 고단하기도 했지만, 아버지와의 관계가 재조정되지 않았다면 집으로 돌아갈 생각은 차마 하지 못했을 것이다.

아빠가 "너를 때리긴 때렸지만, 그래도 네가 밖에서 생활을 하니까 너무 불안하고 걱정이 된다" 계속 그렇게 말하는 거예요. 거기에 설득돼서 들어갔어요. 아빠가 지금도 가끔씩 욕을 하시는데, 그래도 아빠한테 마인드 컨트롤이 생겼어요. 그리고 아빠가 갑자기 많이 아프대요. 치아가 주저앉았대요. 아빠가 겉으로는 그렇게 성질내도 치아도 주저앉고 아프다고 하니까, 뭐랄까, 좀 걱정도 되고, 속상하기도 하고 그래서 집에 들어가게 됐죠.

효진이가 떠나 있는 동안 아버지도 자기 마음을 다스리고 딸과의 관계에서 지켜야 할 선을 지킬 수 있는 힘을 길렀다. 그렇게 돌아온 집은 좀 더 살 만한 집, 집다운 집이었다. 지금 효진이와 아버지의 관계는 다른 십 대들이 아버지와 맺는 관계에 비해 좀 더 자유롭고 살뜰한 편이다.

아빠가 담배 끊었다가 요즘 다시 피우시거든요. 제가 담배를 피우니까 아빠도 피우고 싶대요. 그러면서 담배는 안 사세요. 근데 어느 날 제가 화장실에 갔다 온 사이에 제 담배가 없어진 거예요. "아빠, 뭐야? 담배 안 핀다며?" 이랬어요. 그러니까 아빠가 "티비 재

인생 역정 속에서 길러 낸 삶의 근력

믾네" 이러면서 말을 돌리시는 거예요. 열 받아서. 흐흐. 같이 담배 피우는 아버지와 딸이 어디 있겠어요. 자식 담배 뺏어 피는 부모도 없잖아요? 좀 특별한 편이죠. 가출했을 때는 제가 별로 연락을 안 했었는데, 지금은 서로 연락을 해요. 제가 연락을 했는데 아빠가 전화를 안 받으면 제가 화를 내고 제가 전화를 안 받으면 아빠가 화를 내고요. 제가 병이 있잖아요. 아빠는 아직도 걱정이세요. 제가 어디서 어떻게 쓰러질지 몰라서. 그래서 연락 안 받으면 정말 많이 화내요.

집으로 돌아왔지만 효진이에게는 여전히 수입이 필요했다. 넉넉지 못한 가정 형편에 아버지가 주시는 용돈에만 기대어 살기가 미안한데, 아버지의 건강 악화로 용돈을 받는 게 더 미안해졌다. 주말에 주로 이루어지는 방송고 수업을 제외하고 남는 시간을 좀 더 의미 있게 사용하고 싶은 마음도 있었다. 그래서 다시 아르바이트를 시작했다. 효진이는 자기 생활비를 벌 수 있게 되면서 무엇보다 아버지의 눈치를 보지 않고 어느 정도 독립적 생활을 꾸려 나갈 수 있게 된 것을 최고의 장점으로 꼽았다. 일방적 양육과 보호의 대상에서 벗어나니 둘의 관계도 더 나은 방향으로 전환되었다.

아빠가 용돈을 주긴 주셨는데 아무래도 내가 사고 싶은 게 많으니까 모자라죠. 지금은 아빠한테 돈을 안 받거든요. 가끔 1~2만 원씩 받는 거 이외에는 안 받아요. 그리고 아빠한테 돈 빌리면 다 갚아야 돼요. 아빠가 사채업자예요, 사채업자. 아빠가 "저번 달 얼마 빌려 간 거 내놓으라고" 그러면 "알았어, 줄게 줄게" 그러면서 갚고.

솔직히 알바 안 하고 아빠한테 용돈을 받을 때는 (두 손을 모으며) "아, 아빠. 나 얼마만……" 이러면서 요구를 했단 말이에요. 요즘에는 아빠가 "너 돈 필요 없어?" 그러면 "필요 없어. 나 아직 쓸 돈 많아. 괜찮아" 그래요. 얼마나 좋아요. 용돈 받을 때는 싸바싸바(두 손을 비비면서), 돈 있을 때는 당당하게 "필요 없어. 됐어". 아빠 눈치도 덜 봐요. 내가 가끔씩 알바비 받으면 아빠한테 옷도 사 주고 그러니까 좋고.

효진이는 '얼마 안 되는 돈 벌려고 하지 말고 그 시간에 공부에 전념하는 게 차라리 낫다'는 어른들의 말에 동의하지 않는다. 보통의 부모들이 충분하다고 생각하는 용돈과 십 대들이 충분하다고 생각하는 용돈에는 늘 차이가 있었다.

저는 평일에는 알바만 하고 주말에만 수업을 들으니까 그래도 괜찮은데, 학교 다니면서 알바하는 친구들은 정말 힘들다고 하더라고요. 공부하다가 알바하러 가고 그러니까. 돈 들어오면 뿌듯하긴 한데 몸이 두 배로 힘든 거죠. 그런데도 알바를 하는 건, 갖고 싶은 게 많아서 그런 거 같아요. 이거 사면 또 다른 거 사고 싶고. 거기다 저희들은 어른들보다 브랜드에 민감하잖아요. 남들은 다 비싼 거 입는데 나만 안 입으면 이상하거든요. 왠지 나만 소외된 기분? 꿀리면 안 되니까.

청소년들은 또래들의 비교나 평가에 민감한 편이다. 게다가 가난함을 들키는 것이 더 치명적인 사회가 되어 가고 있다. '꿀리지 않으려면' 어느 정도 갖춰 입고 다녀야 한다. 개학 기념 선물이든 생일 선물로든 주기적으로 좋은 옷을 부모님께 선물받을 수 있는 형편이 아닌 가난한 집안의 청소년들은 직접 돈을 벌어 구매하는 수밖에 없다. 그들에게 브랜드 있는 옷은 과시의 수단이라기보다는 가난을 감추는 '위장'의 수단으로서 의미가 큰 것 같다. 이처럼 효진이에게 아르바이트는 여러 가지 의미를 동시에 지닌다.

효진이의 첫 노사 협상

효진이는 알바를 하면서 다양한 경로로 최저임금 등 노동법에 대해 알게 되었다. 노동청에 신고하면 도움을 받을 수 있다는 것도 알게 되었다. 하루 12시간씩 일하면서 최저임금도 받지 못했다는 걸 알고서는 못 받은 돈을 받아 내고 싶다는 생각도 잠

깐 들었다. 그러나 실제 피해 사실을 입증하기가 쉽지 않아 포기
했다. 미리 알았더라면 달라졌을까.

    예전에 일했던 강남의 닭갈빗집이랑 같은 브랜드인 부천의 닭갈
빗집에서 올해 일을 하게 됐어요. 강남에서 일할 때는 점심이라도
푸짐하게 먹을 수 있었는데 여기는 음식 먹는 것 가지고도 타박하
고, 사장님 성질도 그렇고, 시급도 진짜 짜요. 최저임금도 안 주는
거예요. 그래도 돈을 벌어야 되니까 알바를 하긴 했죠. 끝나는 시
간인데도 아직 다음 사람이 안 오니까 조금만 더 해 달라고 그러
고, 분명 정해진 시간이 지났는데 계속 일하게 하고. 하루에 12시
간 가까이 일했어요. 그래서 3~4주 일하고 결국 관뒀죠. 그때는 몰
랐어요. 노동법, 막 그런 거. 나중에 인터넷 찾아보고 이를 빠득빠
득 갈았죠. 정말 화가 나더라고요. 8시간 이상 일을 하게 되면 주기
적으로 얼마 이상을 더 줘야 된다면서요? 그것도 못 받고 억울하
죠. 인터넷 찾아봤는데 증거가 있어야 한대요. 자기가 여태까지 일
했던 출석 기록 같은 거. 그래서 그냥 포기했죠.

    아르바이트를 하며 여러 우여곡절을 겪었던 효진이는 부천역
광장으로 매주 한 번씩 찾아오는 이동 쉼터 '움직이는청소년센
터 EXIT' 버스와 인연을 맺은 이후 지금까지와는 다른 일자리를
소개받게 되었다. 십 대 여성들을 위한 인턴십 센터에서 운영하

인생 역정 속에서 길러 낸 삶의 근력

는 공방에서 바느질을 하는 일인데 하루 6시간씩, 자기가 원하는 날짜만큼 일할 수 있었다. 시급도 법으로 정해 놓은 최저임금보다 조금은 높게 책정되어 있었다. 효진이는 이 일자리가 마음에 들었다.

월급으로 받을 때는 자리 잡기가 진짜 어려워요. 30일 동안은 돈을 쓸 수 없으니까. 집 나온 친구들은 한 달을 기다리는 게 더 힘들죠. 그래서 일급 주는 데가 필요해요. 쉼터나 그런 시설도 필요하지만요. 그런데 일급 주는 데가 많지 않아요. 여기 인턴십 센터는 한도가 정해져 있기는 하지만 시급 5천 원(2013년 당시 최저임금은 4,860원이었다)에다가 하루 일급으로 돈을 줘요. 그러면 하루에 3만 원은 벌 수 있으니까 좋았어요. 제가 한 일은 규방공예 바느질이라고, 퀼트랑 소원 팔찌 만드는 일이었어요. 그 외에 베이커리도 있고요, 지금은 목도리 짜는 것도 생겼대요. 하루 6시간씩 노동 시간이 정해져 있고, 30일을 다 채워서 일을 안 해도 되니까 좋죠. 그런 곳이 있다는 걸 올해 처음 알았어요.

효진이는 얼마 후 인턴십 센터의 소개로 십 대 여성들을 위한 자립 훈련 매장인 한 카페에서 바리스타 과정을 밟게 되었다. 이 카페는 사회적 기업으로 한 대학 구내에 매장을 운영하고 있다. 효진이는 이곳에서 시급을 받으면서 바리스타 과정을 배울 수 있어서 좋았다. 일급제와 월급제 가운데 어떤 방식으로 임금을 받을지 청소년들이 직접 선택할 수 있는 것도 좋았다. 효진이는 월급제를 선택했다. 효진이에게는 이제 '예상 가능한 안정적 수익'과 '정해진 적정 노동 시간'이 일을 선택하는 중요한 기준이 되었다. 집을 나와서 생활하는 동안 수입이 불안정할 때의 고단함을 알게 됐고, 돈만 바라보고 적정 시간 이상으로 힘들게 일하는 것이 사람을 지치게 만든다는 것도 알게 되었다. 바리스타로 자기 매장을 차릴 수 있을지, 그게 자기에게 맞을지 효진이는 아직 자신이 없다.

일정한 시급이 제일 중요해요. 그리고 정해진 시간. 저는 8시간이 딱 적당한 것 같아요. 그 이상 일하면 지치더라고요. 지금 알바하는 곳은 일급으로 줄 수 있다고 했는데, 제가 안 받는다 했어요. 월급으로 받으니까 확실히 다르더라고요. 제가 뼈 빠지게 일해서 번 돈이니까 돈 쓰는 게 너무 아까워요. 지금 바리스타 과정을 거치고 있는데, 처음엔 커피집 차려 놓고 가게 아기자기하게 꾸며 놓고, 커피 내려 주는 게 멋있겠다, 괜찮겠다 싶었는데 지금은 아닌 것 같아요. 수익이 일정하지가 않잖아요. 불안정한 것보다 안정적인 게 좋으니까. 월수입이 계속 다르면 헷갈리잖아요. 뭐 어떤 날은 거지처럼 있다가 어떤 날은 괜찮다가 그렇게 살 수는 없는 거니까. 또 신 메뉴도 계속 개발해서 손님이 '여기 다시 와 보고 싶다'고 생각하게 만들어야 되는 거잖아요. 그것도 자기 노력이니까. 그럴 자신이 아직까지는 없어요.

이렇게 십 대 여성들, 특히나 자립이 절실한 탈가정 청소년을 위한 일자리가 조금씩 마련되고 있다는 것은 좋은 소식이다. 효진이가 지금껏 경험한 다른 일자리들에 비해 한결 나은 조건이지만, 이곳이라고 해서 아무 문제가 없는 것은 아니다. 매장을 운영하는 사람들이 다른 곳에서 만난 어른들보다는 낫지만 청소년의 의사를 충분히 존중하는 것은 아니었다. 무엇보다 효진이는 휴일인데도 쉴 수 없는 게 가장 싫었다.

5월 1일이 노동절이라고, 법으로 정한 휴일이라면서요. 근데 우리는 계속 일했어요. 저희 매장이 대학 안에 있는데 대학은 안 쉰다고. 그리고 제가 4시쯤 일이 끝나거든요. 근데 샘들이랑 매일 점검 회의 같은 걸 해요. 그 회의는 6시에 잡혀 있어요. 비는 2시간 동안 뭐 놀아도 되고 자기 맘대로 해도 돼요. 그래도 어디 갔다 오기도 그렇고 시간이 너무 애매하니까 죽치고 기다려야 하는 거예요. 여기가 우리한테 좋은 일자리인 건 맞지만, 그래도 이상한 건 이상한 거죠.

법정 휴일에 일할 경우, 애초 정해진 시급의 2.5배를 받아야 한다는 것(법정 휴일은 유급 휴일이라 일을 하지 않아도 일당을 제공해야 하는데 휴일에 일을 했으니 1.5배의 가산수당을 제공받아야 한다)을 알았을 때는 울화통이 터지기도 했다. 효진이는 일하는 청소년의 인권 보장을 위한 노동법 기준에 대해 조금씩 알게 되면서 같이 일하는 친구들과 힘을 합쳐 개선을 요구하기로 했다. 떨렸지만 승산이 있다고 판단했다. 다행히도 효진이의 '노사 협상'은 큰 성공을 거두었다. 매장을 운영하는 사람들도 그저 청소년에게 비교적 괜찮은 일자리를 제공한다는 자부심에 만족하지 않고 청소년의 존엄에 대해 좀 더 깊은 이해를 하는 계기가 되었다고 한다. 효진이는 요즘 카페가 위치한 대학 내에 있는 알바 노조와도 인연을 맺어 볼까 두리번거리고 있는 중이다.

'어쩌다 행운'에서 보편적 기회로

효진이는 인생의 굽이굽이에서 여러 시련을 만났고 헤매기도 했으나 집을 나온 이후부터 집으로 돌아간 지금까지, 최악의 일자리와 나름 '괜찮은' 일자리를 다채롭게 경험하며 살아남았다. 사장의 타박이 듣기 싫어 일자리를 포기하는 길을 택한 적도 있었지만, 이제는 일터 안에서의 변화를 시도할 만큼 내면의 힘도 자랐고 주변 자원을 활용할 줄도 알게 되었다.

효진이가 청소년 자립 지원 기관들이 운영하는 일자리를 만난 건 우연이었을까, 아니면 거리에서 살아남은 효진이의 생존 능력이 찾아낸 기회였을까. 그것은 알 수 없다. 다만 효진이가 다른 청소년에 비해 좋은 일자리(물론 임금 수준이나 인권의 측면에서 보아 완벽한 일자리는 아니었지만)를 소개받는 행운을 누렸다는 점은 분명하다. 이 행운을 효진이만의 것으로 남겨 두어도 괜찮은 걸까. 다른 청소년들도 보편적 기회로서 이 행운을 누릴 수 있어야 하지 않을까.

부모와의 갈등을 겪으면서 탈가정을 선택하는 혹은 가정 밖으로 내몰리는 청소년의 수가 갈수록 증가하고 있다. 탈가정 청소년은 대략 20만 명으로 추산된다. 탈가정은 어떤 의미에서든 피난처를 구하는 행동이고, 살 만한 집에서 살고 싶다는 열망의 표현이다. 그래서 누군가는 탈가정 청소년을 '탈가정 난민'이라 불러야 한다고 주장하기도 한다. 난민까지는 아니더라도 '가출 청소년'이라는 부정적 의미가 축적돼 온 개념보다는 '탈가정 청소년'이라는 이름으로 바꾸어 부를 필요가 있다.

보호 쉼터에서 생활하는 청소년은 약 1만 명. 나머지 19만 명은 어디에서 어떻게 살아가고 있을까. 대개 탈가정 청소년들은 들어갈 수 있는 쉼터의 수가 절대적으로 부족하기도 하고 쉼터 생활을 꺼리기에 제도의 울타리 밖에 머문다. 가정 안에서의 억압이 싫어 탈출한 청소년들에게 쉼터는 통제적 규칙으로 가득한 장소, 울타리라기보다는 올가미로 인식되고 있다. 그래서 청소년들은 '안전'보다는 '위험한 자유'를 택한다. 자신의 의사에 상관없이 집으로 무작정 돌려보낼까 봐 두려워 쉼터를 기피하는 청소년들도 많다. 쉼터가 '안전'도 보장하지 못한다고 생각하는 것이다.

　탈가정 이후 청소년들은 다양한 삶의 경로를 지나간다. 효진이처럼 지인이나 친구네 집에 의탁하는 이들도 있고, 거리를 떠도는 청소년도 있다. 탈가정 상태가 장기화되면서 달방을 구해 나 홀로 자취를 시작하는 청소년도 있고, 또래들과 새로운 가정을 꾸리는 청소년도 있다. 부모와의 갈등을 어느 정도 해결하고 집으로 돌아가는 청소년도 있고, 더 이상 돌아갈 집도 부모도 없어 자립을 준비해야 하는 청소년도 많다. 어찌 됐든 청소년들이 탈가정 이후 곧장 직면하게 되는 가장 큰 어려움은 주거와 생활비 문제다. 탈가정 청소년들마다 처한 조건과 욕구가 다르긴 하지만, 대다수는 집을 나오자마자 '사는 게 다 돈'이라는 것을 실감한다. 그 어려움을 벗어나고자 아르바이트를 찾아 나서지만, 노동 시장의 높은 문턱에 걸려 진입조차 못 하거나 초저임의 일자리라도 겨우 구했다는 데 만족해야 한다. 어린 나이와 탈가정 상태는 막 대해도 좋다는 신호로 해석된다는 것을 알게 된다. 거리의 생존 법칙보다도 더 교묘하게 때로는 더 노골적으로 폭력적인 곳이 노동 시장이라는 걸 알아차린다. 그래서 이들은 땀 흘려 성실히 일하는 삶을 좀체 동경할 수 없다. 노동은 가치 있는 것이기보다는 피할 수 있다면 피해야 할 무엇이다. 당장 잠자리를 구하기 위해, 허기를 채우기 위해 성 산업과 같은 비공식 노동 시장의 손짓에 끌리기도 한다. 그렇다고 행복해지기는 힘들다.

  탈가정 청소년들에게 안정적인 주거 공간과 괜찮은 일자리들이 확대 지원된다면, 이런 악순환의 고리를 완전히 끊어 내지는 못하더라도 느슨하게 만들 수는 있을 것이다. 특히 성폭력이나 성매매의 위험이 산재해 있는 광폭한 거리에서 십 대 여성들이 존엄과 안전을 지키며 생활하도록 하기 위해서는 주거 제공과 일자리 확대가 시급하다. '괜찮은 일자리'란 청소년들의 '탈가정' 경험을 편견 어린 시선으로 바라보지 않는 곳, 청소년이라는 이유만으로 저임금을 당연시하지 않는 곳, 당장 생계가 급한 이들이 일급 형태로 임금을 받을 수 있는 곳, 자립과 진로 모색이 가능한 곳을 의미한다. 이 땅의 모든 '효진이들'에게는 마땅히 그런 자리를 제공받을 권리가 있다.

청소년을 위한
일자리는 어디에

★**헌법이 정하고 있는 정부의 고용 증진 의무**

여러분은 어떤 경로로 일자리를 구하는가? 보통은 '알바 패러다이스'나 '알바 괴물' 같은 사이트에서 구한다. 아니면 친구 소개로 혹은 '사람 구함'이라는 전단지를 보고서 찾아간다. 그렇게 해서 마음에 드는 일자리를 구했는가? 다시 하라고 하면 그 일을 할 생각이 있는가? 일을 구하면서 비굴해지는 자신을 발견하지는 않았나? 그런데 그거 아는지? 국가는 질 좋은 일자리를 창출해야 할 의무를 부담한다는 것을.

대한민국헌법 제32조 ① 모든 국민은 근로의 권리를 가진다. 국가는 사회적·경제적 방법으로 근로자의 고용의 증진과 적정임금의 보장에 노력하여야 하며 (……)
⑤ 연소자의 근로는 특별한 보호를 받는다.

헌법에서도 이렇게 정하고 있는데 우리는 흔히 일자리를 구하지 못한 책임을 우리 자신한테서 찾곤 한다. '현실은 원래 이런 거야'라고 지레 포기하기도 한다. 하지만 이제 당당하게 요구하자. 청소년에게 질 좋은 일자리를 보장하라.

★**캐나다에서 힌트를 얻자**

캐나다는 정부 차원에서 청소년들의 고용을 촉진하고 실무 경험과 일자리에서의 기술을 얻을 수 있도록 지원하고 있다. 또한 연방 정부의 각 기관들은 국제 개발이나 과학기술 등과 같은 전문화된 영역에서 청소년에게 근로 경험을 제공하는 제도를 운영하고 있다. 공공 부문 고용주, 비영리 단체 등이 15세에서 30세까지의 학생들에게 여름 일자리 기회를 제공하면 그에 대한 지원도 하고 있다.

캐나다의 사례를 참고하여 우리도 국가나 공공 기관에 청소년고용할당제를 요구하면 어떨까? 정부가 시행하고 있는 청년고용할당제도, 여성고용할당제도, 장애인고용할당제도처럼 말이다. 정부는 일자리를 원하지만 나이, 성별 등의 이유로 일자리를 구하기 힘든 사람들에게 적극적 차별 시정 제도로서 일자리를 할당하고 지원하는 제도를 운영하고 있다. 최소한 청소년 수련관이나 청소년 문화의 집, 탈가정 청소년 지원 기관 등 청소년복지지원법, 청소년활동

지원법상 근거를 두고 있는 각종 청소년 관련 기관들에서만큼은 청소년에게 일자리를 마련해 주어야 하지 않을까.

학교 안 알바는 어떨까? 학교 안 알바 도입은 2014년 교육감 선거를 앞두고 학생이 원하는 교육정책에 대한 설문조사를 했을 때 나온 의견 중 하나다. 학교는 매점이나 도서관 등 일손이 필요한 곳에 도움을 받아서 좋고, 학생들은 스스로 필요한 돈을 버니 좋지 아니한가. 위험하니까 알바를 하지 말라는 논리는 학교 안에 안전한 일자리를 마련하는 것으로 깨뜨릴 수 있지 않을까. 다만 학교 안 알바가 학생들에 대한 장학금 혜택을 줄이기 위한 수단으로 쓰여서는 안 된다. 언제부터인가 대학들은 근로장학제도를 두고 학생들에게 일자리를 제공하면서 사실상 장학금 지급은 줄이고 있다. 대학의 근로장학제도를 타산지석으로 하여 진짜 괜찮은 학교 안 알바를 만들어야 한다.

정부가 청소년 일자리를 소개하는 것도 하나의 방법이다. 역사적으로 보면 직장을 소개하는 일은 정부의 몫이었다. 지금이야 돈을 벌기 위한 직업소개소, 인력 공급 업체가 대부분 이 일을 하고 있지만 지금도 정부 기관인 고용센터는 일자리 소개를 중요한 임무로 하고 있다.

모든 노동에는 대가가 인정되어야 하는 법, 자원봉사 의무제를 이유로 청소년에게 각종 무임 노동을 강요해서는 안 된다. 정말로 사회에 필요한 일이라면 청소년 일자리로 전환을 해서 일자리를 필요로 하는 사람에게 제공하고 정당한 대가를 지급해야 한다.

에필로그

청소년 노동의 세계는
왜 이따위인가

청소년 노동인권을 찾는 질문들

착취, 모욕, 위험, 불안, 배제. 청소년 노동을 읽는 여전한 다섯 가지 열쇳말이다. 노동·인권단체들의 노력으로 청소년 노동에 대한 사회적 관심이 높아지면서 2000년대 중반 이후 정부 차원의 종합 대책이 여러 차례 발표됐다. 그런데도 청소년 노동의 현실은 제자리걸음이거나 오히려 뒷걸음질 치는 모양새다. 최근에는 청소년 노동자를 더욱 위험과 불안에 내모는 새로운 형태의 문제마저 속출하고 있다. 도대체 청소년 노동은 왜 이따위일까.

거대한 편견과 오해의 세계

청소년 노동이 왜 이따위인지 알려면 우선 우리 사회가 청소년 노동을 바라보는 관점부터 따져 볼 필요가 있다. 현실을 제대로 드러내지 못하거나 왜곡하는 관점은 문제를 덮어 버리기도 하고, 문제가 낳은 결과를 마치 원인인 양 뒤바꿔 버리기도 한다. 그렇게 되면 문제적 현실이 바뀌기는커녕 오히려 유지, 확대될 수밖에 없다. 청소년 노동을 바라보는 우리 사회의 시각도 거짓된 진단이나 부분적 진실에 기초해 있는 경우가 많다. 청소년 노동을 둘러싸고 있는 거대한 편견과 오해의 세계를 깨지 않는 한, 청소년 노동의 현실을 제대로 보고 문제를 해결할 방안을 찾기는 힘들다.

● "청소년은 예비 노동자다" - 보이지 않는 노동

흔히 청소년은 '지금, 여기'의 존재가 아닌 '미래'의 존재로 취급된다. 청소년은 아직 배움의 과정에 있는 학생이고, 사회에 나갈 준비를 하고 있는 예비 노동자이며, 장차 국가를 이끌어 갈 미래의 시민이라는 식이다. 그러다 보니 청소년들이 실제 경험하는 학교 밖의 삶과 노동은 관심의 대상에서 멀어진다. 가정이나 학교 등 청소년의 삶이 펼쳐지는 장소들 역시 사회의 일부라는 사실, 이미 노동 현장에 진입해 일하고 있는 청소년들이 다수 있다는 사실 역시 시야에서 사라진다. 이와 같은 '비가시화'는 청소년 노동 문제를 덮거나 주변화시키는 주요 요인이다.

청소년은 과연 미래의 노동자인가? 앞서 〈청소년 노동 현황〉에서 살펴봤듯, 청소년의 노동 경험률은 대개 30% 정도로 추정된다. 통계에 잘 잡히지 않는 학교 밖 청소년이나 탈가정 청소년에까지 조사를 확대하면 그 비율은 더 높아질 것이다. 이렇듯 노동은 청소년 인구의 상당수가 경험하는 삶의 문제다. 경제 구조와 사회 문화의 변동에 따라 청소년 노동은 갈수록 확대될 것이다. 청소년을 '미래의 노동자'가 아닌 '지금, 여기, 바로 우리 곁에서 일하고 있는 노동자'로 바라볼 때, 청소년이 실제 경험하고 있는 노동의 문제가 중요한 사회적 의제로 자리 잡을 수 있다.

- "용돈이나 벌려고 일한다" - 사소해진 노동

> **여러분은 왜 아르바이트를 하십니까?**
> ① 생활비를 마련하기 위해서 ② 용돈을 벌기 위해서
> ③ 사회 경험을 쌓기 위해서 ④ 기타

청소년 노동에 관한 각종 조사들을 보면 청소년들에게 노동하는 이유를 이렇게 묻곤 한다. 왜 비청소년들에게는 주로 특정 일자리를 택한 이유를 질문하는 반면 청소년에게는 일을 하는 이유를 질문하는 것일까. 노동의 이유를 묻는 것은 청소년 노동자의 형편이 진정으로 궁금해서일 수도 있겠지만, '왜 굳이 일하려 하느냐'는 의혹 때문인 경우가 많다. 그런데 '용돈 벌이' 노동과 '생계형' 노동의 구분은 적절한가. 사회는 청소년의 노동에 대해 '생계형'이면 기특해하고, '용돈 벌이'라면 사소하게 취급한다. 다들 먹고살기 위해서 힘들게 일하는데, 청소년은 용돈이나 벌려고, 갖고 싶은 거나 사려고 나온 한심한 존재가 되는 것이다. 생계형과 용돈 벌이 노동은 정말 그렇게 다른 것일까.

'노동 빈곤' 현상과 소득 격차가 확대되면서 가족 구성원이 '모두 벌이'에 나서지 않으면 안 되는 상황이 깊어지고 있다. 부모의 불화나 경제적 어려움으로 가족들이 흩어지는 일도 잦아졌다. 그 때문에 부모의 양육에만 기대어 생활하기 힘들어진 청소년도 늘

어났다. 이들에게 노동은 생존을 위한 필수 조건이다. 어려운 가정 형편이 아니더라도 부모의 경제적, 정신적 구속으로부터 독립된 삶을 확보하고자 노동을 선택하는 청소년들도 많다. 대개 용돈을 올려 달라는 자녀의 요청은 부모가 원하는 자격을 갖추었을 때만 수용되곤 한다. 부모가 생각하는 용돈의 적절치와 자녀가 생각하는 적절치는 늘 어긋나기 마련이다. 그러다 보니 용돈을 둘러싼 갈등과 협상, 좌절이 계속된다. 때문에 부모 눈치를 덜 보면서 생활하기를 바라는 청소년에게도 노동은 필수다.

어떤 이유가 더 큰 동기가 되었든 청소년 노동자들은 자기가 번 돈을 휴대전화 요금 납부, 의류 잡화 구입, 영화 관람, 외식 등에 사용한다. 이들은 생활비를 번 것인가, 용돈을 번 것인가. 사실 이런 항목들은 최저생계비 책정 항목에도 포함된 것들로 생활비와 용돈의 구분이 무의미하다. 친구와 만나거나 선물을 사는 데 필요한 돈도 흔히 말하는 '유흥비'가 아니라 생계비에 포함되는 '사회적 관계 유지비'이다. 휴대전화 역시 생계비에 포함되는 '통신비'이고, 영화 관람 역시 생계비에 포함되는 '문화생활비'이다. 비청소년에게는 이런 비용이 필수라고 생각하면서, 청소년에게만 용돈이라 폄하하고 씀씀이를 탓하는 것은 타당한가. 그럼에도 워낙 의혹에 찬 시선에 노출되다 보니 집안 형편이 정말 어려운 경우가 아니더라도 '어려운 집안 형편' 코스프레를 하는 청소년들이 생겨난다. "집안 형편이 어렵다고 얘기하면 상황도 깔끔해지고 기특하다는 반응이 돌아온다." 학교를 그만두고 앞으로의 진로를 고민하는 동안 패스트푸드점에서 잠시 일했던 청소년은 이렇게 말했다.

　노동의 이유를 하나만 고르라고 하는 것 역시 청소년을 아주 단편적인 존재로만 바라보기 때문에 가능하다. 누구나 그렇듯이 청소년이 일하는 이유 역시 단 한 가지로만 설명되기 힘들다. 청소년 각자의 처지에 따라 노동을 선택한 최우선 순위는 다를 것이다. 노동을 하는 이유가 꼭 돈을 버는 데만 있는 것도 아니다. 돈도 벌면서 시간을 좀 더 의미 있게 쓰고 싶을 수도 있고, 경험을 쌓기 위해서일 수도 있다. 부모의 눈치를 상대적으로 덜 보면서 살고 싶은 독립의 욕구 때문일 수도 있다. 누구나 그렇듯이 청소년의 삶과 노동, 욕망도 복합적이다. 이렇듯 청소년의 노동을 '용돈 벌이' 노동이라는 식으로 사소하게 여기는 태도는 청소년 노동의 문제를 사소화, 주변화시키는 효과를 발생시킨다. 청소년이 일터에서 겪는 문제를 해결하려고 하기보다 '하기 싫으면 그만두면 그만'이라는 식으로 대하는 이유도 이 때문일 수 있다.

● "애들이 무슨 알바야?" - 일탈이 된 노동

　청소년 노동 문제를 다룬 언론 보도를 보면 청소년 당사자들이 대개 얼굴을 가리거나 익명으로 출연한다. 일터에서 겪은 문제를 사회적으로 증언할 경우 해고나 다른 곳에서의 취업 불가와 같은 불이익이 염려되어서일 수 있다. 그러나 알바하는 게 그리 내세울 일이 아니라고 생각하거나 공부는 안 하고 딴짓한다고 비난받을까 봐 노출을 꺼리는 청소년도 꽤 있다. 우리 사회에서 청소년의 노동은 '일탈' 혹은 '비정상'의 이미지와 결부되어 있기 때문이다. 노동을 청소년의 본분인 학습에서 벗어난 '딴짓'이나 '지위비행'으로 보는 것이다. 청소년 노동에 관한 각종 조사에서 '청소년의 알바에 찬성하는가'를 묻는 이유도 이 때문이다. 누군가의 노동에 찬반을 묻는 경우는 청소년 말고는 없다. 심지어 청소년 노동 경험이 비행에 미치는 영향에 관한 연구 논문이 다수 나오기도 했다. 대학생의 노동은 당연하게 여기거나 일찌감치 독립을 시도하는 기특한 행위로 해석하면서 청소년의 노동에는 왜 일탈의 혐의를 덧씌울까.

 열심히 공부하면 좀 더 나은 직업과 삶을 기대할 수 있었던 시대는 이미 지났다. 그러다 보니 부질없어 보이는 공부에 전념하기보다 당장의 필요를 충족시키거나 시간을 좀 더 의미 있게 보내기 위해 노동을 하는 청소년들이 늘고 있다. 가족 구성원이 모두 벌이에 나서지 않으면 안 되는 가난한 가족들은 늘 존재해 왔다. 이들의 노동을 그저 '일탈'로 설명할 수 있을까. 열악한 노동 조건 속에서 짧은 시간 내에 심리적 위안을 얻기 위해, 혹은 진상 고객과 사업주와 대면하지 않아도 되는 혼자만의 시간을 갖기 위해 뒷골목에서 담배를 피우는 청소년도 있다. 담배를 피운다는 행위에만 주목하여 청소년 노동이 '비행'을 부추긴다고 말할 수 없는 것이다.

이런 현실에 대한 고려 없이 청소년의 노동을 일탈로 바라보는 관점은 청소년의 노동이 존중받을 수 있는 환경을 만드는 데 쓰여야 할 에너지를 오히려 청소년이 노동 현장에 있는 것 자체를 문제시하는 데 쓰이도록 만든다. '청소년의 노동 조건'이 아니라 '노동하는 청소년'이 문제가 되는 것이다. 일탈의 이미지를 덮어쓴 청소년의 노동은 중요한 사회적 의제가 될 자격을 끊임없이 의심받고 뒷전으로 밀려난다. 자기 노동을 부끄러워하거나 숨겨야 하는 처지에 놓인 청소년 역시 노동 현장의 문제점을 증언하고 변화를 요구하기 어렵다.

● "애들 써 주는 게 어디냐?" - 미성숙의 굴레를 쓴 노동

'코 묻은 돈'이라는 말이 있다. 어린 나이에 돈 버느라 고생한다는 애잔함이 묻은 이 표현 안에도 상당한 편견이 내재해 있다. 비청소년은 땀 흘려 돈을 번다고 보는 반면 청소년은 왜 코를 흘리며 돈을 번다고 보는 것일까. 사회는 청소년을 미성숙한 존재로 바라본다. 일터에서도 청소년에게는 '미숙한 노동력'이라는 혐의가 따라붙는다. 실제 학교를 다니는지 여부와 상관없이 청소년 노동자는 '알바생'이라 불린다. 아직 배움의 과정에 있는, 온전치 못한, 미숙한 견습생(학생)이라 보는 것이다. "애들

써 주는 게 어디냐?" 노동법을 지키지 않은 사업주에게 시정을 요구할 때 흔히 돌아오는 답변이다. 미숙한 이를 고용해 준 것만으로 선심을 쓴 셈이라는 식이다. 이런 인식은 노동법 위반을 당연시 여기도록 만든다. "그 법 다 지키면서 쓸 거면 왜 굳이 청소년을 써?" 착취란 누군가의 노동을 가치 없는 일, 가치가 낮은 일로 취급함으로써 정당한 대가를 버젓이 강탈해 가는 것을 말한다. 똑같은 일을 해도 청소년은 비청소년에 비해 미숙한 일꾼, 값싼 일꾼 취급을 받는다. 그래서 청소년들은 '최저임금'에 딱 맞게 돈을 받는 것만도 감지덕지해야 할 처지에 놓인다.

그런데 청소년의 노동은 미숙한가. 누구나 일을 처음 시작할 때는 미숙할 수밖에 없다. 이는 나이와는 상관없는 일이다. 어떤 청소년은 이제 갓 일을 시작했기에 비청소년에 비해 더 미숙하다. 반면 같은 업종에서 오래 일한 청소년의 경우 이제 갓 그 업종에 들어온 비청소년보다 더 숙련된 노동력을 발휘한다. 어떤 청소년들은 비청소년들과 별 차이 없이 일하고, 때로는 더 신속하고 능숙하기도 하다. 그럼에도 미성숙한 이들의 미숙한 노동이라는 편견이 노동 현장에서 강력하게 작동한다. 그러다 보니 청소년 노동자 스스로도 정당한 대우에 대한 요구를 주저하게 된다. 일터에서 부당한 일을 당해도 '미성숙한', '불성실한' 청소년 노동자의 발언은 진지하게 경청되지 못한다. 일도 제대로 못하면서 대접만 요구한다는 눈총에 시달린다. 노동 조건이 아니라 청소년에게 하자가 있다고 여겨지므로 문제의 해결은 끊임없이 유예된다.

무엇이 청소년의 노동을 더 취약하게 만드는가

청소년 노동을 둘러싼 편견과 오해 못지않게 청소년 노동자를 더욱 취약한 조건으로 내모는 여러 사회적 요인이 존재한다. 이제 우리는 청소년 노동자가 어떤 '사회적 상태'로 일터에 진입하는가, 그들이 제기하는 일터의 문제는 어느 정도 의미 있게 수용되는가, 그들은 문제적 상황에서 어느 정도의 대응력을 가질 수 있는가, 청소년의 노동은 노동 일반의 조건과 어떤 영향을 주고받는가, 청소년 노동 조건을 개선하겠다는 정부나 사회적 시도들이 왜 문제를 더 악화시키는가를 살펴보아야 한다.

● 다중의 약자성

한국 사회에서 청소년은 대표적인 사회적 약자다. '사회적 약자'란 원래 힘이 없는 존재라는 뜻이 아니라, 사회 구조와 권력관계 속에서 약자의 위치에 놓여 있는 존재라는 뜻이다. 사회적 약자들은 삶의 전 과정에서 부당한 혐의에 끊임없이 시달리고 있기 때문에 자기의 삶과 역사, 감정 등을 설명할 주체적 언어를 갖기 힘들다. 상황이나 관계를 변화시키기 위해 협상하고 조정할 힘도

약하다. 청소년은 그들의 생각과 행동이 미숙하거나 충동적이거나 부분적이라는 의혹 어린 시선에 노출되어 있다. 보호와 통제가 우선시되다 보니 자신에게 영향을 미치는 문제에 대해 의견을 말하고 결정할 기회도, 참여하고 결정할 기회도 적다. 사회적 지위도, 발언력도 낮다. 청소년이 원래부터 미성숙하고 무력했다기보다 사회가 그들을 그런 위치에 놓이게끔 만들었다.

  사회적 약자인 청소년이 노동 현장에서 자신을 고용한 사업주와 홀로 대면하는 데 문제가 일어나지 않는 게 오히려 이상하다. 그것도 정직원이 아닌 임시적·비필수적·미숙한 노동을 암시하는 '알바'라는 이름으로. '사소한 문제에 충동적으로 불만을 제기하는 존재'라는 혐의를 지닌 이들이 일터에서 권리 보장과 부당한 처우의 개선을 요구할 때 그 주장이 무게 있게 받아들여질 수 있을까. 이처럼 사회적 약자인 청소년이 나이의 취약성에 더해 고용-피고용 관계에서 비롯되는 종속성, 비정규직의 취약성을 동시에 갖고 있다 보니 청소년 노동자가 일터에서 발휘할 수 있는 힘은 제한될 수밖에 없다. 청소년 노동자의 사회적 취약성은 그들을 함부로 대해도 괜찮다는 사회적 허용을 낳는다. 게다가 청소년에게 허용된 일자리가 갈수록 줄어드는 조건에서 일자리에 대한 절박함은 더욱 치명적인 굴레가 된다.

● 학교에서 배운 것

　　인생의 일할을

　　나는 학교에서 배웠지

　　아마 그랬을 거야

　　매 맞고 침묵하는 법과

　　시기와 질투를 키우는 법

　　그리고 타인과 나를 끊임없이 비교하는 법과

　　경멸하는 자를

　　짐짓 존경하는 법

　　그중에서도 내가 살아가는 데

　　가장 도움을 준 것은

　　그런 많은 법들 앞에 내 상상력을

　　최대한 굴복시키는 법

　　　　　- 유하, 〈학교에서 배운 것〉

　최근 학생인권에 대한 사회적 관심이 확산되고 있지만, 학교가 요구하는 학생다움은 여전히 강력하게 청소년의 삶을 틀 지운다. 학생다움은 윗사람인 교사가 시키는 대로 잘 따르고, 학생의 본분인 학업에 충실하고, 학교 규칙을 잘 지키는 것을 의미한다. 예의, 성실, 의무라는 이름으로 강조되는 학생다움은 질문과 상상력과 존엄에 대한 요구를 허락하지 않는 '굴종'을 의미하는 경우가 많다. 윗사람이 따로 있는 것이 아니라 역할의 차이일 뿐이고 서로 존중하는 관계여야 한다는 것, 역할에서 비롯된 본분에 충실하되 부당하거나 과도한 의무는 거절할 수 있어야 한다는 것, 공부는 무조건 하면 좋은 것이 아니라 육체적, 정서적, 지적으로 감당할 만한 수준이어야 한다는 것, 규칙은 민주적으로 만들어져야 하고 인권을 제약하는 규칙은 바꿀 수 있어야 한다는 것 등은 교육받지 못한다. 교사의 지시나 행동에 의문을 제기하는 것은 그 지시나 행동의 정당성 여부에 상관없이 교권 침해, 지도 불응 등의 이름으로 처벌의 대상이 되곤 한다.

그러다 보니 일터에서 부당한 대우를 받더라도 당당하게 권리를 주장하기 어려워진다. 일을 시작하기도 전에 임금이 얼마나 되는지 물어보거나 근로 계약서 작성을 요구하는 일은 의무를 다하기도 전에 돈이나 밝히는, '윗사람'을 의심하는 예의 없는 일이 된다. 부당한 처우에 대해 변화를 요구하는 것은 '아랫사람'이자 '새파랗게 어린 것'이 싸가지 없게 구는 행동으로 매도되곤 한다. 근로기준법에도 보장된 휴식 시간의 보장을 요구하는 일은 의무를 다하지 않는 불성실한 태도라는 의혹을 받는다.

> "사장님, 저 10시까지 하고 가요. 급한 일 있어서요."
> 손님은 사장님께 전화 주세요~
> Call. 010-○○○○-○○○○

편의점에서 일하던 청소년 노동자가 위와 같은 메모를 남기고 퇴근했다고 가정해 보자. '인수인계도 하지 않고 문을 잠그고 퇴근을 해?' 불성실하고 무책임하다는 이유로 당장 해고된다 해도 할 말이 없어 보인다. 그런데 이 메모 뒤에는 어떤 역사와 감정이 숨겨져 있을까? 실제 편의점에서 일해 본 경험이 있는 청소년들은 "참다 참다 오늘 질렀구만"이라는 반응을 보인다. 10시인 교대 시간보다 늘 늦게 나타나는 사장에게 시간을 지켜 달라는 부탁을 하다 하다 잘릴 각오를 하고 '정시 퇴근'을 감행했다는 것이다. 그러나 현실에선 늘 늦게 나타난 사장의 불성실과 무책임은 문제가 되지 않는다. 맡겨진 시간까지 책임을 다하고 정시에 퇴근한 청소년 노동자가 '먼저 퇴근했다'는 오명을 뒤집어쓴다. 교대 시간을 지켜 달라는 정당한 요구는 '간청'이 되어야 하고, 그 간청마저도 비난을 받기 쉽다. 이런 조건에서 청소년 노동자가 변화를 요구하기란 쉽지 않다.

● 삭제된 단결의 경험

학교에서 강력한 처벌의 대상으로 삼는 행동 가운데 하나가 '집단행동'이다. 학교 규정을 바꾸기 위한 서명을 받는다거나 여럿이 교장실이나 교무실에 항의 면담을 요청한다거나 집회를 여는 행동에 대해서는 징계 수위도 높다. 학생회나 동아리와 같은 자치 기구들도 거의 제 기능을 상실했다. 문제적 상황을 만드는 것도, 그것이 문제라며 고치는 것도 모두 비청소년들의 몫이다. 청소년은 '주체'가 아니라 '대상'이다. 당연히 청소년들에게는 힘을 모아 집단적으로 문제를 해결해 본 경험이 거의 없다. 문제가 생겨도 교사에게 해결을 부탁하고 조치를 기다려야 하는 존재다. 그러다 보니 청소년 스스로도 '단체'나 집단행동에 대한 거부감을 갖게 된다. 공부 이외에 다양한 사회활동을 경험할 기회가 거의 없기에 사회 구조에 대한 정보나 활용할 만한 인적 네트워크도 부족하다. 게다가 사회에서는 노동자들이 힘을 합쳐 노동 조건 개선이나 해고 철회 등을 요구하는 행동을 마치 '범죄'인 양 취급한다. 학교교육은 이를 바로잡는 데 기여하기보다 오히려 편견을 강화한다. 청소년은 이렇게 집단적 문제 해결의 경험도 없이, 노동과 노동조합에 대한 부정적 인식을 갖고 일터에 나온다.

 그렇게 일터에 나왔을 때 이들에게 손을 내미는 노동조합이나 단체가 있는 것도 아니다. 청소년 노동자들이 대다수 일하는 사업장에는 노동조합이 없다. 함께 힘을 규합하고 일터를 변화시킬 방안을 도모할 시간이나 관계 형성을 기대하기 힘든 곳도 많다. 알바연대처럼 청소년 노동자를 조합원으로 받아들이는 노동조합이나 청소년 노동자들이 중심이 되어 움직이는 단체와 인연이 닿는 것도 극소수의 청소년 노동자뿐이다. 노동조합이 있는 사업장에서도 '알바' 청소년은 노동조합 가입 대상으로 아예 고려조차 되지 않는다. 이렇다 보니 '참고 견디거나 일터를 옮기거나' 가운데 하나를 선택하는 길밖에 남아 있지 않다. 청소년 노동의 고질적인 병폐는 더욱 굳건해진다.

● 엇나간 대안들

청소년 노동 문제에 관심을 가진 단체나 정부 기관들도 자칫 잘못된 대안을 들이미는 경우가 많다. 청소년들에게 제공되는 노동인권교육이나 홍보 캠페인은 대개 최저임금과 근로기준법을 안내하는 정도에 그친다. 청소년이 법을 몰라서 당한다는 판단 때문이다. 물론 최저임금, 사업주의 근로 계약서 작성 교부 의무, 쉬는 시간, 주휴수당 등 노동법을 아는 것은 중요하다. 그러나 청소년 노동자들은 주휴수당, 시간외수당, 30일 전 해고 예고 제도 등 근로기준법의 일부 조항이 아예 적용조차 되지 않는 영세 사업장에 주로 몰려 있다. 최근에는 내일 당장 일이 있을지 없을지도 모르는 하루살이 노동이나 사용자가 누구인지 분명치 않은 파견 노동, 노동자로 인정받지 못하는 특수 고용 등 불안정 노동도 확산되고 있다. 노동법을 안다고 해서 써먹을 수 없는 업종에서 주로 일하고 있는 것이다. 노동법이 전면 적용되는 사업장이라고 해도 갑을관계에 종속된, 게다가 나이 어린 청소년이 사업주를 상대로 직접 권리 보장을 요구하기는 힘들다. 이렇게 개인적, 법적 해결에만 맡겨 두다 보니 문제의 해결이 요원해진다. 법을 넘어서야 해결은 시작된다. 청소년들의 자력화와 단결, 사회적 지위 향상을 지원하고, 법을 의심할 수 있는 힘을 기를 수 있는 교육이 함께 강화되어야 하는 이유다.

　청소년 노동자를 보호한다며 청소년 노동자의 권리나 상황을 오히려 악화시키는 방식으로 법을 해석하고 적용하는 일도 잦다. 대표적인 예가 '청소년의 야간 노동은 불법'이라는 식의 접근이다. 근로기준법에 따르면, 청소년 당사자의 동의와 고용노동부 장관의 인가를 받지 않은 사업주의 '야간 고용'이 불법이다. 그런데도 '청소년이 야간에 일하는 것 자체가 불법'이라는 식의 안내가 주를 이룬다. 야간 노동은 건강에 치명적이기에 피하는 것이 좋고, 모든 노동자가 야간 노동을 하지 않을 수 있도록 노동 구조를 바꾸어야 한다. 그런데 청소년이 야간에 일하는 것 자체를 문제 삼다 보면, 청소년의 동의 없이 야간 노동을 강요한 사업주가 아니라 야간에 일하는 청소년이 문제로 지목된다. 청소년 일자리 확대에 대한 고민 없이 청소년의 야간 노동만 문제 삼다 보면, 가뜩이나 일자리가 없는 청소년의 일자리가 줄어드는 결과까지 낳게 된다. 청소년 보호의 장치로 얘기되는 '보호자 동의서' 역시, 보호자의 동의를 받기 힘든 탈가정 청소년을 비공식적 노동으로 내몰 수 있다. 이렇게 청소년 노동자의 뜻, 그들의 권리에 미치는 영향을 고려하지 않은 채 '보호'만 앞세우다 보면 청소년 노동자를 더욱 열악한 처지로 내모는 결과를 낳게 된다. 중요한 것은 청소년이 그와 같은 노동을 선택하지 않을 조건을 만드는 데 있다.

　정부의 근로 감독 역시 대개 패스트푸드점, 편의점 등과 같이 프랜차이즈 업종에 집중돼 있는 반면, 청소년 노동자는 근로 감독의 손길이 미치지도 않는 전단지 홍보, 웨딩홀 서빙, 배달 대행, 상품 판매, 이벤트 행사장 도우미, 택배 분류, 사무 보조, 인터넷 상품 홍보 등 다양한 업종에 분포돼 있다. 근로 감독이 나오더라도 청소년 노동자를 만나지도 않고 사업주 면담이나 서류 중심으로 감독이 이루어지는 경우도 흔하다. 일자리 축소와 불안정 노동의 가속화에 대응할 만한 정부의 정책은 아예 수립조차 되지 않고 있어 청소년 노동의 사각지대는 갈수록 커지고 있다. 정부의 청소년 노동 정책이 이토록 요란한 빈 수레에 불과하다 보니, 청소년 노동 현실이 나아질 리 없다.

'밑바닥 노동'을 존엄한 노동으로

　청소년 노동은 노동 현장에서 밑바닥을 차지하고 있기에 청소년 노동자의 '밑바닥 노동'을 끌어올리는 일은 전체 노동자의 인권과 사회 전반의 존엄을 끌어올리는 일이기도 하다. 생애 최초의 노동을 경험하는 청소년들이 노동을 어떻게 경험하고 노동에 대한 어떤 의식을 갖게 되느냐도 중요한 문제다. 가장 주변화된, 가장 밑바닥에 위치한 청소년 노동 문제에 사회가 관심을 기울여야 할 이유이다.

　무엇을 할 수 있을 것인가. 가장 먼저 청소년의 사회적 지위를 높이고 청소년의 인권을 존중하는 사회적 환경을 조성할 필요가 있다. 그래야 청소년이라는 이유만으로 같은 노동 조건하에서도 더 취약한 상황에 내몰리는 일을 줄일 수 있다. 사회 전반에서 청소년인권, 학생인권을 보장하는 일은 청소년 노동인권의 보장을 위해서도 필수적이다. 청소년 스스로 일터는 물론 사회 곳곳에서 보장받아야 할 권리에 대해 알고, 문제 해결력을 기를 수 있는 교육과정도 뒷받침되어야 한다. 청소년 노동자가 일터에서 생겨나는 일들을 당당하게 드러내고, 변화를 갈망하고, 이에 사회가 응답해야 하는 이유를 주장하면 할수록 저 견고해 보이는 '밑바닥 노동'이 변화를 향해 꿈틀거릴 수 있다. "우린 그렇게 막 대해도 되는 존재가 아니거든요?" "왜 정부는 우리를 만나지 않고, 현장을 보지 않고 정책을 만들어요?" 이런 질문을 품은 청소년이 늘어날수록 청소년 노동인권 수준은 한 걸음 더 나아갈 수 있다.

　청소년 노동 문제를 대할 때 보편적 접근과 차이에 기초한 접근이 필요한 순간을 잘 구분하는 일도 필수적이다. 한편으로는 청소년에 대한 특별한 접근을 없애야 하고, 다른 한편으로는 청소년이라는 특성과 청소년 내부의 차이를 충분히 고려해야 한다. 예를 들어 청소년의 야간 노동이나 간접 고용만 문제 삼느라 의도치 않게 일자리를 빼앗을 것이 아니라, 누구든 야간 노동이나 간접 고용에 내몰리지 않도록 해야 한다. 청소년에게 최저임금조차 주지 않는 사업주만 탓할 게 아니라, 최저임금을 인간다운 생활의 보장이 가능한 생활임금으로 끌어올려야 청소년 노동자의 생활도 함께 보호받을 수 있다. 다른 한편으로는 학교생활과 노동을 병행하고 있는 대다수 청소년의 특성을 고려하여 그에 맞는 일자리를 발굴, 지원해야 한다. 청소년이라고 해서 모두 같은 처지에 놓여 있지도 않다. 청소년 보호 정책으로 도입된 '보호자 동의서'는 어떤 청소년에게는 오히려 굴레가 된다. 탈가정 청소년이나 여성 청소년, 기초생활수급가정의 청소년 등 청소년 내부의 차이가 노동 조건에 미치는 영향을 독자적으로 고려하면서 별도의 지원 정책을 마련하는 일이 필요하다.

이 모든 일은 부당한 노동을 거부할 수 있는 조건을 만들지 않는 한 제한적일 수밖에 없다. 최저임금이 아닌 '적정 생활임금'이 보장되고, 기본소득처럼 노동 소득이 없는 이들을 지원할 기초생활제도가 혁신된다면 부당한 노동을 거부하면서 생활을 유지할 수 있는 힘이 강화될 수 있다. 사업장 규모나 고용 형태에 관계없이 근로기준법을 비롯한 노동법이 전면 적용되고, 책임을 물을 사람이 누구인지도 알기 힘든 불안정 노동이 줄어든다면 노동 현장에서 청소년이 더 큰 협상력을 가질 수 있다. 전체 노동자의 인권 수준 향상은 청소년 노동자에게도 중요한 영향을 미친다. 청소년의 '밑바닥 노동'은 이렇게 전체 노동자들과 만난다.

| 저자 소개 |

이수정 공인노무사 | sjegalia@hanmail.net
여성, 노동자의 눈으로 세상을 읽어 내면서 개운치 않게 남아 있던 지난 경험들을 이해하기 시작했다. 그리고 활동의 방향이 생기기 시작했다. 여성 노동, 청소년 노동, 비정규 노동을 고민하며 읽고, 쓰고, 교육하는 활동에 흔들리며 살고 있다.

윤지영 공익인권법재단 공감 변호사 | onlymom77@gmail.com
사회적 약자, 소수자의 인권을 보장하고 차별을 없애는 활동을 전업으로 하는 비영리단체NGO에서 일하고 있다. 청소년, 이주노동자, 중고령 노인, 여성 등 불안정 노동자에 관심을 가지고 활동하고 있다.

배경내 인권교육센터 '들' 상임활동가 | hregang@gmail.com
뭘 하든 10년은 파야 한다는 얘기를 입버릇처럼 달고 산다. 부당한 질문에 시달리는 사람들의 삶을 살피고 부당한 질문 자체를 해체시키는 일에 매료돼 1998년부터 지금껏 인권운동을 이어 오고 있다. 최근에는 '듣고 기록하는 행위'에 관심을 갖고 여러 구술 프로젝트에 참여하고 있다. 특히 청소년들의 서사는 마음을 몽실, 몽클, 달뜨게 한다.

림보 청소년노동인권네트워크 활동가 | cooleun1@paran.com
일하고 있을 때는 내가 노동자인 줄 모르다가 노동자라는 걸 알게 된 후 월급 노예로 살지 않으려고 탈출했다. 여성으로 살아왔으면서도 결혼과 출산을 경험한 후에야 여성이라는 자각이 생겼고 내 안의 소수자성에 대해 고민하기 시작했다. 인권교육센터 '들'과 청소년노동인권네트워크에서 청소년인권, 청소년노동인권을 옹호하는 활동을 시작한 지 얼마 되지 않은 초보 활동가.

김성호 성동근로자복지센터, 공인노무사 | laborho@gmail.com
변화의 출발도 마무리도 발 딛고 있는 곳이어야 한다는 생각에 지역에서의 활동을 꾸려 가며 노동, 공동체, 청소년, 생명 등의 주제를 배우고 있다. 현재 성동근로자복지센터에서 일하고 있다.

권혁태 노무법인 비전 공인노무사 | cplakwon@gmail.com
학창시절, IMF 사태에 큰 충격을 받고 사회운동에 관심을 갖게 되었다. 졸업 후 잠시 직장 생활을 하다가 민주노동당 상근자로 진보정당 활동을 했다. 지금은 노무법인에서 일을 하면서 양천마을넷에서 지역 활동을 하고 있으며 더불어 지역 차원의 청소년노동인권운동을 모색 중이다.

교육공동체 벗

교육공동체 벗은 협동조합을 모델로 하는 작은 지식공동체입니다.
협동조합은 공통의 목적을 가진 사람들이 모여서 만든
권력과 자본으로부터 독립된 경제조직입니다.
교육공동체 벗의 모든 사업은 조합원들이 내는 출자금과 조합비로 운영됩니다.
수익을 목적으로 하지 않기에 이윤을 좇기보다
조합원들의 삶과 성장에 필요한 일들과
교육운동에 보탬이 될 수 있는 사업들을 먼저 생각합니다.
정론직필의 교육전문지, 시류에 휩쓸리지 않는 정직한 책들,
함께 배우고 나누며 성장하는 배움 공간 등
우리 교육 현실에 필요한 것들을 우리 힘으로 만들고 함께 나누고 있습니다.

조합원 참여 안내

출자금(1구좌 일반 : 2만 원, 터잡기 : 50만 원)을 낸 후 조합비(월 1.5만 원 이상)를 약정해 주시면 됩니다. 조합원으로 참여하시면 교육공동체 벗에서 내는 격월간 교육전문지 《오늘의 교육》과 조합 통신을 받아 보실 수 있습니다. 출자금은 종잣돈으로 가입할 때 한 번만 내시면 됩니다. 조합을 탈퇴하거나 조합 해산 시 정관에 따라 반환합니다. 터잡기 조합원은 벗의 터전을 함께 다지는 데 의미와 보람을 두며 권리와 의무에서 일반 조합원과 차이는 없습니다. 아래 홈페이지나 카페에서 조합 가입 신청서를 내려받아 작성하신 후 메일이나 팩스로 보내 주세요.

홈페이지 communebut.com
카페 cafe.daum.net/communebut
이메일 communebut@hanmail.net
전화 02-332-0712, 070-8250-0712
팩스 0505-115-0712

교육공동체 벗을 만드는 사람들

※하파타순

후쿠시마 미노리, 황지영, 황정일, 황정원, 황이경, 황윤호성, 황봉희, 황기철, 황규선, 황고운, 홍정인, 홍용덕, 홍순성, 홍세화, 홍성구, 홍석근, 현복실, 현미열, 허효인, 허창수, 허윤영, 허성균, 허보영, 허기영, 허광영, 합점순, 합영기, 한양범, 한채민, 한지혜, 한은옥, 한영옥, 한소영, 한성찬, 한민혁, 한만중, 한날, 한길수, 한경희, 하효정, 하주현, 하정호, 하인호, 하유나, 하승우, 하승수, 하순배, 탁동철, 최희성, 최현숙, 최현미, 최진규, 최주연, 최정윤, 최정아, 최은희, 최은정, 최은숙, 최은경, 최유미, 최원혜, 최영식, 최연희, 최연정, 최승훈, 최승복, 최선영, 최선경, 최봉선, 최보람, 최병우, 최미영, 최류미, 최대현, 최기호, 최광용, 최경미, 최경련, 최강토, 채효정, 채종민, 채용, 채옥엽, 채민정, 차종숙, 차용훈, 진현, 진주형, 진웅용, 진영준, 진냥, 지정순, 주윤아, 주순영, 조희정, 조형식, 조현민, 조향미, 조해수, 조진희, 조지연, 조준혁, 조주원, 조정희, 조운현, 조윤성, 조원희, 조원배, 조용진, 조영현, 조영옥, 조영실, 조영선, 조여은, 조여경, 조성희, 조성실, 조성배, 조성대, 조석현, 조석영, 조문경, 조남규, 조경애, 조경아, 조경삼, 조경미, 제남도, 정희영, 정희선, 정홍율, 정현주, 정인하, 정은하, 장은미, 장윤영, 장원영, 장시준, 장상옥, 장병훈, 장병학, 장병순, 장근영, 장군, 장경훈, 임혜정, 임향신, 임한철, 임지영, 임중혁, 임종길, 임정은, 임전수, 임은우, 임수진, 임성빈, 임성무, 임선영, 임상진, 임민자, 임동헌, 임덕연, 이희옥, 이희연, 이효진, 이호진, 이혜정, 이혜린, 이현, 이혁규, 이향숙, 이한진, 이태영a, 이태영b, 이충근, 이진혜, 이진우, 이지행, 이지영, 이지연, 이중석, 이주희, 이주영, 이종은, 이정희a, 이정희b, 이재형, 이재익, 이재영, 이재후, 이임순, 이인사, 이은희a, 이은희b, 이은향, 이은진, 이은주, 이은영, 이은숙, 이윤정, 이윤엽, 이윤승, 이윤선, 이유미, 이유경, 이유진a, 이유진b, 이월녀, 이원님, 이용환, 이용석, 이용기, 이영화, 이영혜, 이영주, 이영아, 이연진, 이연주, 이연숙, 이연수, 이승헌, 이승태, 이승아, 이슬기a, 이슬기b, 이수zs, 이수영, 이수연, 이성일, 이성오, 이성숙, 이성수, 이설희, 이선표, 이선영a, 이선영b, 이선애a, 이선애b, 이선미, 이상훈, 이상화, 이상직, 이상원, 이상아, 이상미, 이상대, 이병준, 이병은, 이범희, 이민아, 이미옥, 이미숙, 이미라, 이문영, 이명훈, 이명형, 이동철, 이동준, 이덕주, 이남숙, 이난영, 이나경, 이기균, 이근희, 이근철, 이근영, 이광연, 이태성, 이경하, 이경욱, 이경연, 이보명, 이건진, 윤홍은, 윤지영, 윤종원, 윤우람, 윤영훈, 윤영백, 윤수진, 윤상혁, 윤병일, 윤규식, 유효성, 유재울, 유영길, 유수연, 유병준, 위앙자, 원지영, 원윤희, 원성제, 우창숙, 우지영, 우완, 우수경, 오중근, 오정오, 오재홍, 오은정, 오은경, 오유진, 오수진, 오수민, 오세희, 오민식, 오명환, 오동석, 염정신, 여희영, 여태전, 엄창호, 엄지선, 엄재홍, 엄기호, 엄기욱, 양해준, 양지선, 양은주, 양승주, 양영희, 양영숙, 양서영, 양영석, 안효민, 안효영, 안준범, 안중원, 안준철, 안영덕, 안옥수, 안영신, 안영빈a, 안영빈b, 안순억, 심향일, 심은보, 심승희, 심수환, 심동우, 심경일, 신혜선, 신충일, 신창호, 신창복, 신중식, 신교식, 신은정, 신은경, 신유준, 신소희, 신미옥, 송호영, 송혜라, 송한별, 송정은, 송인혜, 송용석, 송승훈, 송명숙, 송근희, 손현아, 손진근, 손정란, 손정은, 손중호, 손미영, 손정혜, 손민정, 손미숙, 소수영, 성현석, 성진석, 성유진, 성용혜, 성열관, 설은주, 설원민, 선휘성, 선미라, 석옥자, 석경순, 서혜진, 서태성, 서지연, 서정오, 서인선, 서이슬, 서은지, 서우철, 서예원, 서명숙, 서경숙, 상형규, 변현숙, 백현희, 백영호, 백승범, 배희철, 배주영, 배정현, 배정원, 배이상헌, 배영진, 배아영, 배경대, 방득일, 방경내, 반영진, 박희진, 박희영, 박효정, 박효수, 박환조, 박혜숙, 박혜린, 박형진, 박형일, 박현희, 박현숙, 박찬일, 박칠호, 박진선, 박진수, 박건교, 박지희, 박지홍, 박지혜, 박지인, 박지원, 박중구, 박정아, 박정미a, 박정미b, 박재선, 박은하, 박은아, 박은경, 박용빈, 박옥주, 박옥균, 박영실, 박연지, 박신자, 박숙현, 박수진, 박세영a, 박세영b, 박성규, 박복선, 박미희, 박명진, 박명숙, 박동혁, 박도정, 박도영, 박덕수, 박대성, 박노해, 박내서, 박나실, 박공철, 박경희, 박경선, 박건진, 민병섭, 문용식, 문주영, 문순옥, 문수현, 문수영, 문수경, 문성철, 문명숙, 문덕순, 문경희, 모은정, 마승회, 류형우, 류창모, 류정희, 류재향, 류우종, 류명숙, 류경원, 도정철, 도방주, 데와 타카유키, 노영현, 노상경, 노경미, 남효숙, 남정민, 남윤희, 남유경, 남원호, 남예린, 남미자, 남궁역, 나규환, 김희정, 김희옥, 김홍규, 김훈태, 김환희, 김홍규, 김혜영, 김혜림, 김형렬, 김현진a, 김현진b, 김현주a, 김현주b, 김현영, 김현실, 김현정, 김길일, 김태화, 김태희, 김천영, 김찬우, 김찬영, 김진희, 김진숙, 김진명, 김진, 김지훈, 김지운, 김지연a, 김지연b, 김지안, 김지미a, 김지미b, 김지광, 김중미, 김준연, 김주영, 김종현, 김종진, 김종원, 김종숙, 김종성, 김종선, 김정희, 김정주, 김정은, 김정식, 김정삼, 김재황, 김재민, 김인순, 김일순, 김은주, 김은파, 김은영, 김은수, 김은식, 김은주, 김윤우, 김원예, 김원석, 김우희, 김우영, 김우, 김용훈, 김용양, 김용만, 김요한, 김영희, 김영진a, 김영진b, 김영진c, 김영주a, 김영주b, 김영아, 김영삼, 김연정a, 김연정b, 김연일, 김연오, 김연미, 김애숙, 김아현, 김순천, 김수현, 김수진a, 김수진b, 김수정a, 김수정b, 김수연, 김수경, 김소희, 김소영, 김세욱, 김성탁, 김성진, 김성숙, 김성보, 김선희, 김신철, 김선우, 김선미, 김선구, 김석규, 김서화, 김상희, 김상정, 김보현, 김병희, 김병와, 김벙기, 김범주, 김민희, 김민선, 김민곤, 김민결, 김미향, 김미진, 김미숙, 김미선, 김문옥, 김무영, 김묘선, 김명희, 김명섭, 김동현, 김동춘, 김동일, 김동원, 김도석, 김다희, 김다영, 김남철, 김나혜, 김기웅, 김기언, 김규태, 김광민, 김고종호, 김경일, 김경미, 김가연, 기세라, 금현진, 금현숙, 금명순, 권태영, 권태윤, 권태웅, 권자영, 권용헌, 권미지, 국찬석, 구자혜, 구자숙, 구원회, 구완희, 구수연, 구본희, 구미숙, 퀭이눈, 광홍, 곽혜영, 곽현주, 곽진경, 곽노현, 곽노근, 곽경훈, 공현, 공영아, 고춘식, 고진선, 고은미, 고윤정, 고영주, 고영실, 고병헌, 고병연, 고민경, 강화정, 강현주, 강현정, 강한아, 강태식, 강준희, 강인성, 강이진, 강은영, 강윤진, 강영일, 강영구, 강순원, 강수미, 강수돌, 강성규, 강석도, 강서영, 강경모

※ 2022년 7월 25일 기준 762명

* 이 책의 본문은 재생 용지를 사용해서 만들었습니다.
* 자원 재활용을 위해 표지 코팅을 하지 않았습니다.